獻給

瑪莉
我生命故事中的配偶與伴侶

實踐神學系列

生命猶如文本

以詮釋學再思牧養輔導

格爾金 著
關瑞文 系列主編
羅燕明 譯

基道出版社

▼

實踐神學系列

生命猶如文本

以詮釋學再思牧養輔導

Living Human Document
Re-Visioning Pastoral Counseling in a Hermeneutical Mode

作者
格爾金 Charles V. Gerkin

系列主編
關瑞文

翻譯
羅燕明

責任編輯
林諾欣

裝幀設計
奇文雲海 · 設計顧問

■

出版／發行
基道出版社
香港沙田火炭坳背灣街26號富騰工業中心1011室
LOGOS PUBLISHERS
Unit 1011, Fo Tan Ind. Centre, 26 Au Pui Wan St., Shatin, Hong Kong
電話：(852) 2687-0331　傳真：(852) 2687-0281
網址：http://www.logos.com.hk

承印
陽光印刷製本廠

●

12/2011 初版
Cat. No. LP375
ISBN: 978-962-457-431-9

Original Edition "Living Human Document"
Published by Abingdon Press

Printed in Hong Kong

刷次	10	9	8	7	6	5	4	3	2	1
年份	2020	2019	2018	2017	2016	2015	2014	2013	2012	2011

系列主編序

前陣子，在課堂上預告《生命猶如文本——以詮釋學再思牧養輔導》(*Living Human Document: Re-Visioning Pastoral Counseling in a Hermeneutical Mode*)的中文版快將誕生。一位學生好奇地問：「何解要費神翻譯一本上世紀八十年代寫成的書？」我說原因有二：第一，攻習牧養輔導者，千萬不要只重招式技巧，必須同時獲取輔導的內功心法。所謂內功心法，即輔導的理論基礎及其背後的神學理念。只重招式，輔導員必無法舉一反三，很快技窮。相反，只學心法，輔導員只能雄辯滔滔，會說不會做，於受助人無益。招式技巧加上內功心法，內外兼備，是臨牀應變力的基石。《生命猶如文本》，正好是兩者兼備而略重心法，對華人教會那較為傾側於務實的習性，有補充作用。第二，對於神學與心理輔導理論如何關連，華人教會常各走極端。某一端視俗世輔導學為洪水猛獸，強調要直接回到聖經去，卻隱約感到，上帝所賜下的聖經，原本並非輔導叢書，要在當中提煉出輔導模型，有時難免穿鑿附會。另一端卻視俗世輔導學如珠似玉，因此將之大量引入牧養輔導世界，以致牧養輔導忘記了自己的信仰傳統，在不知不覺中成為了現代心理治療的俘虜。感謝主，在上世紀最後三十年，牧養輔導界終於醒悟過來，重新思索該如何有深度地關連神學與俗世輔導理論。《生命猶如文本》正是此時期的作品，其思想與實踐的深度，被譽為是這方面的經典。總之，《生命猶如文本》對華人教會牧養圈子可以作出的貢獻肯定良多，卻從未被正式引入華人教會，多麼可惜。因此，我向好奇的學生說：「早就該引介《生命猶如文本》到華人教會。」然而，倘若要從《生命猶如文本》中獲益，讀者必須費點力氣去讀，因為當中所牽涉的討論，是有其深度的。天下無不勞而獲的好書，請讀者作好心理準備，迎接挑戰。

按著臨牀牧養關顧之父博伊申(Anton Boisen)的想法，本書作者格爾金(Charles V. Gerkin)指出人的生命就好像一個文本，要透過詮釋才能創造及發掘出其整全意義。輔導的臨牀世界也一樣，受助人對當下的殘缺困擾的體會，透過詮釋的功夫可以重獲整全。因此，格爾金建議以現代詮釋學作為框架，去結合信仰與現代心理學，把田立克(Paul Tillich)及莫特曼(Jürgen Moltmann)的神學，互相交織於自我心理學(ego psychology)及客體關係理論(object relation theory)等心理學理論之中，從而建立一種堅實的牧養輔導方法。

按此，一個暫要學懂的內功心法，是輔導員要轉念的。受助人不再被視為受助人，他們該被視為老師，輔導員是一個詮釋者，細心聆聽著「老師」的故事。他們所帶來的故事儘管是殘缺不全，充滿困擾的，但它卻肯定是超越了專家理論等的想像，不能也不該被專家語言所約化。稱職的專家牧者們，必須要有心理準備，要在「老師」的故事中學習新的人生意義和新的詮釋視界(horizon)，學習個別的生命故事是如何由始至終都關連著基督信仰的大故事，以致整個輔導過程，不會單單受制於受助人的視界(即「前無去路的生命故事」)，也不會單單受限於專家語言(即「你應該如何改善」)，而是輔導者與受助人的視界不斷地在輔導過程中融合，具開放性地讓聖靈轉化生命，開顯生命故事得以向前邁進的無限可能性。按格爾金的說法，輔導員這種要赤條條地踏入別人的世界的決心，正是道成肉身的精神。輔導員與受助人一起踏上朝聖之路，與受助人重尋上帝兒女與天國子民的身分。

具體而言，輔導員要聆聽並詮釋的故事，其結構是怎麼樣的呢？引用科特(Wesley A. Kort)的說法，本書作者認為所有故事都最少包含以下元素：環境或氣氛、佈局、性格、腔調。在書中，格爾金解釋了這些元素的意思，讓輔導員明白聆聽的方向，及培養出聆聽的敏銳。此外，格爾金也在書中分辨了三類故事，即喚起的故事、改寫的故事、在信仰故事中的個體故事，從而指出輔導的方向和目標。不單如此，書中更以三個個案來闡明具體的輔導實踐過程，當中所牽涉的詮釋、生命故事的改寫，以及重尋整全生命等，都被生動地描繪出來。

讀此書，遊走於不同的神學及心理學理論，也見證具體生命如何被轉化，能溫故知新，確是賞心樂事。

關瑞文
香港中文大學崇基學院神學院副院長、副教授

致謝

沒有朋友和支持者願意聽你的想法、作出反應及批評，而且，最重要的是加以鼓勵，人是難以寫成一本書的。在寫這本書時，我非常幸運能生活於一個生氣勃勃的學術羣體之中，這個羣體大力推動在學科以內和跨學科的交流，並且蔚然成風。因此我非常感激很多位同僚，他們曾經覽閱本書一個或多個修訂本中全部或部分內容。我特別感謝馬拉德（William Mallard）、霍利菲爾德（E. Brooks Holifield）、帕西尼（David Pacini）、洛爾（Walter Lowe）、切斯納特（Roberta Chestnut）、福勒（James W. Fowler）、莫斯利（Romney Moseley）和萊尼（James T. Laney），他們細心閱讀不同篇章，並且在多處提出建議，這讓我獲益不淺。我尤其要對在教授牧養關顧（pastoral care）和牧養神學（pastoral theology）上與我緊密合作的同事亨特（Rodney J. Hunter）深表讚揚；他一直耐心地、持續地協助我把種種想法清楚表達出來。我的多位學生也曾在無數方面協助了我：奧斯默（Richard Osmer），是我初次涉足哲學詮釋學（philosophical hermeneutics）的文獻時的伙伴；邁爾斯（Gary Myers），他在臨牀方面的興趣和專門知識，給我提供了一套牧養輔導常見的實踐隱憂，這豐富了我的寫作；弗理德曼—莫理斯（Emma Friedman-Morris）和加洛韋（David Galloway）對本書一些初稿的反應，鼓勵了我堅持下去。

我深深感激的還有很多很多的人，他們在這些年間信任我，在牧養輔導的關係之中，把他們自己生命的深層議題告訴我。我從他們身上學習到的，是比純粹分享見解更為深入的東西。他們有些人出現於我這些臨牀工作的具體剪影紀錄之中。當然，他們的名字和其他可辨認的資料都已經轉換，以保護他們生活的神聖私隱。但他們確實是真有其人，輔導喚起他們面對自己的真貌，並且慢慢逐步予以處理的勇氣。在我的眼中，他們這份勇氣令他們躋身在我最珍重的恩人之列。

目錄

導論　演變中的牧養輔導

牧養輔導（pastoral counseling）怎樣才可以同時既本真地是神學的學科，又合符科學地是心理學的學科？牧養關顧與輔導運動（pastoral care and counseling movement）在發展進程中來到這一刻，我們要面對的就是這個愈來愈迫切的根本問題。因為該運動崛起於一九四〇及一九五〇年代，而且它是美國教會對二十世紀文化景況所作出的一個重大適應；因此，對於應該將牧養輔導歸類為牧養學科還是心理學學科，這個問題在該運動所印製的大量文獻裏，以及在訓練牧養輔導員的診療中心內，都已存在了相當多的議論。

關於牧養輔導的主要定位的這個議題，我們現在已進入一段演變的時期。毫無疑問，在現代牧養關顧與輔導其發展期的頭四十年內，首要的關注都已是心理學的和心理治療的（psychotherapeutic）關注。這是真的，部分是由於有新知識使牧養關顧再度復興，並在事工中受到重視，而其中大多數的新知識——若不是全部——都是屬心理學方面的知識。不但如此，神學的新正統運動（neo-orthodox）時期，使重點從關注人的宗教經歷，強烈地轉移到關注一種較為客體主義式的關注，專注於神的「他性」（otherness）和人對神的超越行動的倚賴。有些牧師看重怎樣服事那些受困於日常生活慣見的疑難和驟變的人，他們聽到心理學家所講的嶄新語言和那些可能十分有用的技巧，就自然被吸引過去。對輔導感興趣的牧師會發覺，他們並不是孤軍作戰，原來也有其他人與他們一樣關注那些正在受苦、受困惑的人。精神科醫生、心理學家、社會工作者、婚姻及家庭治療師，以及一大羣躋身如今被稱為助人行業的人，為了減輕人的精神和心靈痛苦，帶來另外一些可辨識的圖像和語言傳統。這些在教牧以外的助人者當中，有些行業——譬如醫生——的歷史根源，與基督教事工一樣源遠流長。其他一些則是較近期在二十世紀俗世化熱潮所捲起那鬧哄哄的實幹主義之中才冒起的，他們以冀用人力掌控人類的生活狀況，以及解決人類的問題。

與此同時，西方社會的文化範式（cultural paradigms）卻出現了廣泛而深層的轉移。在神學語言變得愈來愈著重其本身歷史和傳統之際，心理學與社會科學的新語言卻在各方面都愈來愈深入地滲透美國的文化生活。美國人愈來愈喜歡從心理學的角度去看人類經驗。就如利傳

(Philip Rieff)一針見血地指出，治療學範式(therapeutic paradigm)漸漸淩駕其他語言範式，並於論及人本身的問題或者人與別人關係上的問題時，成為主要採用的語言。[1] 這個文化上的深層轉移——較為以心理學和心理治療學語言為首——形成了一種氣候，把相當多的社會權威賦予那些能將那個語言説得流暢而精準的心理學專家。牧養輔導員，如果要被視為對人類厄困具備專門知識的話，他們就要面臨種種微妙而強烈的催逼，就是務必要説得一口流利的心理學語言；儘管在大多數的情況下，他的權柄還是與牧職的傳統權威掛勾的。

文化轉移到心理學語言範式的第二個效應，發生在大眾文化的另一個層面。心理學的自助書籍如雨後春筍般出現在書店的架上。通俗心理學(popular psychologies)到處都是，一個又一個比較複雜的學説紛紛出現了不同的簡易版，供大眾購閱。一般教牧人員，尤其是牧養輔導員，不但要熟悉如何應用這些解決二十世紀生活苦況的流行治療法，更要熟練精通；這是其教會會友對牧者的期望，也是俗世中心理治療同業對教牧人員的要求；何況這些生活苦況現已基本上被視為心理問題多於宗教問題。簡言之，這種社會進程的運動已經滲透了美國人民生活的每個角落，教牧人員和牧養輔導員已經被捲進了這個運動之中。

若有人閱讀這數十年改革期間所出版關於牧養關顧的理論文獻，他或她就很容易看到種種蛛絲馬迹，以顯示出治療運動的威力，以及有助於塑造牧養輔導的神學與心理學這兩套語言之間那與日遞增的張力。大多數被公認為牧養輔導理論中的「知名人士」——希爾特勒（Seward Hiltner）、歐斯（Wayne Oates）、約翰遜（Paul Johnson）、韋思（Carroll A. Wise），以至後來的祈連堡（Howard Clinebell）——他們對於神學與牧職傳統，在塑造牧養輔導員對其本身工作的基本立場上所佔的首要地位，均有著墨討論。這些理論家全都小心謹慎，務求要使以心理學範式去考量牧養關顧的這一方，與從聖經或傳統神學角度去看牧養關顧的那一方，能夠達到和諧一致。若要進一步從心理學角度去理解牧養方面的情況，我們似乎就需要發展出一套神學與聖經的權責依據，以保證輔導事工的質素和架構。至此，在「神學—聖經」與「心理學—心理治療」這兩種考量之間，大體上出現了某程度的聯繫。

若要嘗試從過去四、五十年間所出版過的牧養關顧文獻中，詳盡地勾勒出聖經與神學主題思想，如何與心理學主要理念互為影響，那便會遠遠超出了本書的範圍。[2] 相反地，我的目標是較為有聚焦。我只是想闡明，在連連冒起的種種不同選擇之中，我和這本書的定位何在。說到這個，我認為，在此稍作一些區分是相當重要的：一邊是該範疇的翹楚們所出版過的文本；另一邊則是在診療中心裏，在治療師和牧養輔導與臨牀牧養訓練的臨牀導師之中，那個較為模糊但多姿多采、而又同樣塑造著方向的治療程序。

於過去三十年不同人所發表的文章之中，共提出了數個選擇，而每個選擇均與一、兩位「知名人士」有關連。希爾特勒的早期著作《牧養輔導》(*Pastoral Counseling*)，[3] 於一九五〇年代那十年間，被奉為訂定牧養輔導標準之作。他一直致力於保持多方面的交流，包括佛洛伊德派(Freudian；以及特別是新佛洛伊德派〔neo-Freudian〕)的心理分析思想(psychoanalytic thought)、一個經修改的羅杰斯派(Rogerian)的輔導方法論、改革宗神學(Reformed theology)、懷特海派的進程思想(Whiteheadian process thought)等。對於牧養輔導運動致力專業化及涉足於心理療法，希爾特勒愈來愈感到矛盾重重，這致使他在出版《牧養神學之前言》(*Preface to Pastoral Theology*)[4] 一書後的年日裏，不再側重於這麼樣的牧養輔導，轉而較關注一般事工的問題，並關注發展一套從教會的牧養實踐中浮現出來的牧養神學。對於珍重希爾特勒的貢獻的人來說，他的工作有兩大影響：他令大家明白到，對於把牧養輔導放在教會整體環境之內，以及一套關於職事的普遍理論，都必須得到非常認真的看待；另外他又藉著進程思想這個工具，開展了神學與心理學之間對話的種種可行性。

歐斯深受美南浸信會(Southern Baptist)那凡事以聖經先行的文化所薰陶，在神學方面他當然覺得新正統派的詞彙更為吸引。特別是從他在一九六〇年代初寫就的兩本著作，即《基督與自體》(*Christ and Selfhood*)與《基督新教牧養輔導》(*Protestant Pastoral Counseling*)，[5]我們就可以清晰見到這種取向。因此，歐斯的牧養輔導理論就甚少見到詳細討論如何挪用心理治療技術的篇幅。反而箇中瀰漫著一種感覺，就是他意識到動力關係(dynamic relationship)中的細微差別，也留意到心理治療潮流的種種風格變化；而這意識感覺都包含在他所懷著一份更深層、更持久的關注之中：一個牧師的輔導事工是否由基督教在歷史上著名的資源所形成。一直到一九七四年，歐斯寫道：

> 我回到先前的主題：牧養輔導員不是折衷主義者，在一大堆治療方法之中，選這個、取那個，或撿另外一個方法來用。他也不是方法論上的純粹主義者，為了成為某類治療師而出賣自己的歷史感。牧養輔導員既擁有短期記憶，也擁有長期記憶。他清楚知道歷來牧養輔導與心理治療上不斷轉變的重點之間的相互影響。這是一個短期記憶。他也有一個長期的歷史記憶：他把有關心理治療師與病人之間的所見所聞，不斷地與希伯來—基督教傳統的智慧作互相關聯。[6]

韋思和約翰遜都曾受教於並扎根在鮑恩(Borden P.

Bowne）和賴特曼（Edgar S. Brightman）的位格主義神學（personalist theologies）中；他們早期的輔導理論架構主要是取自羅杰斯理論的。[7] 約翰遜深受像沙利文（Harry Stack Sullivan）等心理學家的人際主義（interpersonalism）所影響，而韋思早在其事業初期已較傾向於心理分析動力理論（psychoanalytic dynamic theories）。韋思與約翰遜二人在神學上的位格主義，均讓他們把融合神學與心理學的任務，主要投放在牧師本人身上，以及在牧師與苦惱的人之間的人際關係上。這個說法有多真確，韋思在其代表作——在其第一本輔導方法學書籍出版了近三十年後才寫成——就說得相當明顯。[8] 到這時，韋思已決意棄用「牧養輔導」這個名詞，寧可採用在七十年代愈來愈受輔導員歡迎的說法：牧養心理治療（pastoral psychotherapy）。

雖然韋思同意，形形色色的俗世心理治療團體已經接管了「心理治療」一詞的流行用法，但是他以教牧人員的身分公開宣稱，根據新約聖經裏「心靈」（psyche）和「治療」（therapia 或 therapuo）的使用法，教牧人員也可以使用這個名詞。[9] 然而，根據韋思的現代用法，「心理治療」一詞已經披上了不少心理治療技術的含義，這足以令人不禁懷疑，牧養心理治療與其他任何種類的心理治療，實際上有多少分別。韋思提出，箇中分別就只能夠從教牧人員自己的經驗中被整理出來。這是教牧人員其個人特質的一個功能。

> 這雙重定向（神學上和心理學上）通常並不輕鬆好過。神學和心理學的抽象概念並不容易調和，也無須調和。它們起源於全然不同的信念假設；它們涉及的是存有（being）的不同範圍；它們各有其產生與化解張力的方法。況且，教牧人員的人格裏某些特有的動力進程，譬如罪疚感，可以與神學上和心理學上的理念產生衝突，在某程度上，這不是單憑理性就可以解決得了的。於是，兩者總有一個要被否定，不然教牧人員就會兩邊搖擺。
>
> 這種情況怎樣解決，就得看教牧人員其個人了。他的情緒和努力，以至其理智，都必參與其中。這類解決方案通常都要求情緒方面的成長，攀登存有的不同高度……。這要求人對存有與生成的過程（process of being and becoming）、對內心的探索，存著一種承擔，而不是執意要融合形形色色的不同理論。[10]

從某種意義來說，韋思把融合過程付託於教牧人員其個人特質上，這是起源於他的位格主義神學，以及他對心理治療的全情投入。所以，這個他認為「可行的」做法，對於抱持另一種神學定位的教牧人員來說，卻是問題多多的。還有的是，對於利用神學和哲學傳統工具，就不同心理治療方面的心理學作出分析及評論，韋思在言詞間對這些扎實的知識工作，表示隱含不屑。這種態度致使作為一個學科的牧養輔導，變得很容易犯錯，把真理和目標的基本議題輕易掩飾過去了。這個做法過於單靠牧養輔導員一人的力量，卻欠缺了那因嚴格看待理論議題而提供的集體約束和具支持力的界限環境。減去了那種嚴格的準繩，這個運動就可能會變得軟弱無力、難以控制。

祈連堡的《牧養輔導的基本類型》(*Basic Types of Pastoral Counseling*)，[11] 於一九六六年出版後便成為權威之作。他標誌著，這個運動不再是差不多萬眾一心地效忠於羅杰斯(Carl Rogers)的方法；他還開創了新風氣，以在有關治療方法方面，愈來愈趨向折衷主義。這為牧養關顧運動打開了一道門，通往一段熾烈地趨附、擁抱流行心理學的時期。祈連堡的著作，雖然稍有觸及事工的神學模式，但見不到它有嚴肅地探討神學上的問題和爭論。反而，心理學名詞「成長」(growth)就被輕率地與「釋放」(liberation)混為一談，成為神學上涵義甚廣的詞語。

於牧養輔導飛快發展的數十年間，診療中心紛紛迅速成立。這些中心裏，就好像在文獻裏所見到的一樣，在心理學不同選擇之間，以及在神學與心理學範式之間，都出現了一段辯論過程和愈來愈大的張力。在精神健康專業中，以心理學作定位的學科代表們，他們之間的合作愈來愈成功；在這個沸沸騰騰的時期，臨牀牧養訓練發展蓬勃，就好像牧養輔導的發展一樣。幫助初出茅廬的傳道人從心理學角度認識甚麼是悲傷、疾病、人際衝突、家庭關係等，這是既叫人興奮又有意義的工作。為牧養事工而設的臨牀訓練，在風格與精神(ethos)上，都大力支持由韋思和約翰遜明確推行的融合模式。所有注意力都集中在接受牧養關顧訓練的那個人身上。牧者本人是否表現到，他或她已經把事工的聖經和神學圖像，與心理學的識見和專長，融合起來？這成為了訓練的關鍵問題。

雖然訓練牧養輔導員時，對個人特質的關注是重要的，也是必要的，然而這已經深深地把牧養關顧運動轉移到一個治療方位。從事牧養工作的人，往往易於套用心理學言詞，尤其是那些初認識這門技術的從業人員，其實他們仍然在個人心理治療那實際上已是標準的程序中，探索著自己的歷史和自體(selfhood)的深處。正如我的一位神學界朋友說過，在那種情況下，神學反思可以變得好像一張汽車保險桿上的貼紙，隨意地貼在公車上，而那輛公車正駛離停車場，開往一個已由心理學決定的目的地。然而，儘管在臨牀訓練環境中每有這等自然險象發生，但是對於教牧所作的決定和行為其神學根源和聖經根據，大家仍然是堅持關注的。說真的，在現時文化上對心理學一片愈來愈不滿的聲音之中，這份關注已經成為常常熱烈討論的課題。

一九七〇年代那十年裏，另外有兩把重要的聲音出現，而且它們愈來愈洪亮堅定：對在信仰羣體內的集體關顧的關注，以及對現代意識(包括其心理範式)的抗拒；

後者是我曾經提及過的關注。第一把聲音只會在本書所提及的事情的背景中被聽到，而非在字面上可見的。那並不是因為這關注——牧養關顧應被看是一項比牧者的單對單關係更加廣闊的活動——並不重要。毫無疑問，這份關注是重要的。在未來數年裏，沒有哪個方向能提供更多應許的：復蘇羣體生活的意義、恢復集體關顧及它與禮儀和崇拜的關係、重新把牧養處境加入考慮。但是倘若牧養關顧與輔導運動的演變來到這個時刻，其所期望達到的結果就是，這些關注能涉及到人類最深沉、最嚴重的痛苦和衝突；那麼，專業教牧人員和牧養**輔導**專業人士所做的牧養輔導其所需要的演變，也必須得到注意。這本書要指出的，就是這個較為狹窄但相關的關注。

現時，第二把關注聲音——要復得牧養輔導的神學根源——已經從四面響起。有些人言詞強硬地要求回到牧養關顧的經典模式和神學的古舊架構。這第二個關注點以奧登（Thomas Oden）的滔滔雄辯最為突出。奧登的早期著作，[12] 在心理學與神學對話的文獻中立下不少功勞，其後他又發出響亮的呼籲，號召在牧養關顧和神學兩方面，都要歸回經典。

> 面前的工作是為基督教牧養關顧發展一套後現代的、後佛洛伊德的、新古典的進路。這進路既認真看待現代性的資源，也揭示其錯誤的觀念，見識到最優秀的現代心理療法仍然是千瘡

> 百孔的；這進路已再回到經典傳統去找自己的定位，不過卻沒有否定那從現代臨牀經驗中所學到的東西。[13]

在這一段簡潔的言詞中，奧登重點出擊，為處於演變的新時期中的牧養關顧與輔導，闡述了主要的任務。這任務首先是讓牧養關顧與輔導的工作，在神學上重新得到一個名副其實的定義。這樣的一個神學定義必須深入輔導工作的實際執行方面，深入得足以包括其方法論。即是說，神學語言必須進駐牧養輔導員的反省中，以反思他們在輔導過程所作的實質決定。同樣地，神學語言也必須以適當的方式進到牧者與受輔導者之間的談話當中。至少，神學的詮釋應與心理學的詮釋學並排而立，而在關鍵時刻，甚至神學的詮釋學要堅持在牧養輔導中佔首要的權威。

然而，這段演變時期的任務，並不單純是重返神學根源和神學語言。[14] 我們是二十世紀的人，必須使用二十世紀的工具。心理學的診斷的豐富資源，與對發展過程（development process）及對它給目前人類行為所帶來的影響，以至對其在將來產生改變的可能性所設置的限制，作心理學詮釋——所有這些分析與詮釋工具都必須被引進，以輔助教牧的工作。但是，奧登基本上是對的。我們在演變期間的定向，實在應該是從再次挪用（reappropriation）基督教語言這一點出發——在神學圈子裏，這很多時被稱為基礎（不是基要派）神學

(fundamental theology)。

至此，我們來觀看對考量中的任務所作的一個理解，這理解也就是本書將要闡釋的。一邊是韋思和約翰遜、與近年臨牀牧養傳統中的臨牀牧養輔導員對位格主義的重視；另一邊是奧登等人所發出響亮的號召，呼籲大家回歸經典的神學語言；而在兩者之間，還有一個可供選擇的做法。我們稱這個做法為牧養輔導的詮釋學理論(hermeneutical theory of pastoral counselling)。

當然，「詮釋學」(hermeneutic 或 hermeneutical)一詞頗為難懂，其被使用的歷史既悠久又複雜。[15] 廣義而言，該詞與詮釋(interpretation)的藝術和科學有關。此字的希臘文的本來的圖像源於腳長翅膀、眾神的使者赫耳墨斯(Hermes)；他具有「一個功能，是將那超越人類所能明白的東西，轉化成一種人類智力能夠領會的形式」。[16] 在這個廣義的範圍之內，一個詮釋學的觀點把所有人類語言系統(包括神學和心理學)，都視為一種努力，試圖穿透那超過人類所能明白的奧祕，並弄明箇中意思。當然，對神學和心理學而言，兩者所共同關注的奧祕就是人的經歷和行為。然而兩者對人類實在(human reality)的核心真理所抱持的範式圖像都很不一樣；建立在那些圖像上，每種語言世界都各自發展出一套字詞和意象型態的詞彙，用以說明、理解，以及——若可能的話——詮釋這些奧祕。

因此，一個詮釋學理論著手將兩個語言世界(好像神學的和心理學的語言世界)，聯繫到一個特定的人類功能

（例如牧養輔導），首先藉著承認兩個世界各有其獨立的界限。語言不可以輕易地或熟巧地互相交替使用的。每個語言著手詮釋時，都帶著一套迴異的、具塑造性的圖像。正如德文和英文，或法文和斯瓦希里文（Swahili），都只能有限度地穿過文化和語言隔閡而作雙向翻譯；所以心理學的和神學的語言仍然是獨立的，並各指向不同的意義世界。

然而，我們會在其他層面採用詮釋學的一般詮釋理論（general interpretive theory），也會採用那在聯繫心理學和神學時用來詮釋普遍困難的理論。我們也會探討，當自體（self）的生命——不管是求助者的自體或是助人的牧者的自體——被視作基本上是一個詮釋過程之時其所呈現的種種可能。

從生命的極早期開始，甚至早至嬰兒期，那正在發展中的自體已顯出，人必須對所經歷的事情作出詮釋。即使在還未有語言能力之前也如是。一個人的生命「故事」始於最初經歷：體驗到自體有別於其他自體。自體從父母和其他重要人物身上得到文化圖像和語言，從而漸漸孕育出一套神話（myth）或一個故事，以之詮釋一切的經歷。由於那個神話般的故事，自體會預期有新的經歷，並給新經歷賦予意義。因此，自體是詮釋者和神話製造者，即經歷的詮釋者，這個觀念將要被詳細分析。我們遲些就會看到，這些個人的具詮釋作用的神話故事，每每會把「公眾」或集體故事現況所具有的圖像和語言，與自體和世界那些出於自體具體經驗的、較私人的圖像，作出自由的混合。具詮釋作用的神話故事充當容器，象徵的意義和情感——包括正面的與負面的——都一起被放在裏面。

詮釋學理論也提供了一個進路，讓人明白牧養輔導那獨特性所衍生的問題；在這個演變時期，這確有好幾方面的助益。於此，牧養輔導會被視為一個對人類經歷作詮釋和再詮釋的過程；這過程設於一個框架之內進行，那框架主要是以基督教的詮釋模式與當代心理學的詮釋模式之間的對話，作為定向。因此，牧養輔導最基本的工具被看成是詮釋學工具——詮釋的工具。牧養輔導員工作時，自覺其是基督教詮釋形式的代表，植根於基督教那些用以理解世界的基本圖像中。但是，正因為牧養輔導員有他或她的基督教信仰取向，所以在進行詮釋時，其對受苦人的經歷之特殊性，抱持著極高的尊重和接受能力。代表基督教信仰模式，不等如可以粗暴地將信仰模式強加於人。詮釋學的哲學傳統將被視為提供不同方法，以想像那代表基督教詮釋的牧養輔導員，與詮釋自體經歷的受苦人之間的相遇，因而那個跨越語言世界、跨越經歷世界的相遇的某些微妙之處，得以說明。

有一個方法去想像我們所試圖提議的牧養輔導的詮釋學理論，就是把這個提議視為在如今稱為牧養心理治療以外的另一選擇。照牧養心理治療師的工作方式來看，牧養心理治療在其方法論上，主要是根據心理學和心理治療準則，來作決定及行動。在決定使用甚麼方法時，基督教語言的基本圖像那起作用的程度，已經變得含糊不清，或被當作是個別牧養輔導員的習性。我們需要作出新的嘗試，不偏不倚地使用心理學和神學這兩個範式。我們可以透過從一個詮釋學的角度去察看這兩套語言，從而促進那嘗試。每套語言都提供一個詮釋學，即一種對眼前現象作觀察和詮釋的方法，從而每套語言都能照亮或顯現一些從另一角度觀看時所隱藏不察的事物。

倘若一套牧養輔導的理論要在方法論的層面運作的話，它就遲早要認真處理關於改變的問題。牧養輔導員作為助人者，究竟想看到那求助者有甚麼改變？那種改變怎樣得以產生出來？不同的心理治療理論對這些問題的回應，都有極大的分歧。牧養輔導員又怎樣看這些問題呢？神學角度會不會改變一個人對這些問題的回應，或者令他的回應帶有特殊的形態呢？我會提出理由以證明是會的，而且是大大的影響著牧者的期望，以及影響牧者在輔導的各種情況中所作的實際決定和行為。

我提議建立一套牧養輔導的詮釋學理論，並不是意圖駁斥甚麼，也不是想要求大家為運動染指心理治療而悔過。經過與精神健康運動多年來的對話，一般基督教事工——尤其是牧養關顧事工——實在獲益良多。牧養輔導員必須仍然具有足夠的心理學頭腦，以能吸收俗世心理治療的洞見。

但是我所關注的是要提出一個選擇，代替那套把牧養輔導納入心理治療名下、導致牧者失去基督教傳統和語言的根源的療法。我們一定要找到一個有節制的做法，既可保住根源，又可對其他詮釋學角度保持開放態度。但那任務卻不能單靠輔導員自己去完成。我希望能指出一個方向，並略述發展該門科目的一種可行性。有些讀者會感到我的提議和歐斯的早期著作有點相似。好像歐斯一樣，我關注到牧養輔導員應該培養長期的與短期的記憶。好像歐斯一樣，我非常希望牧養輔導能保存其基督教定位。那意思是，最起碼保存一套基督教詞彙。

由於我現在要提出的理論是我經過多年直接浸淫於牧養輔導工作，以及在臨牀的及學院的教學而成形的，所以開始時我先為那將我帶到這個提案的生活經歷故事，作一次簡短的詮釋概述。那並不是個非比尋常的故事，最少在牧養輔導員的故事來說不是。它只是述說一連串的事件和經歷，而這些事件和經歷結果產生了一種對「牧養輔導究竟是甚麼」的看法和詮釋。這故事和由它所產生的演進理論，能夠使用得多廣泛，說服力有多大，端在乎它們在演變期間所提供的發展可能性有多少。因為，你要知道，詮釋學的詮釋其主要作用，應是為未來開路的。只有在前路仍是一片灰暗時，詮釋學的問題才需要被提出來。

第一部

詮釋學與自體的生命

1 生命故事與一個新興理論的故事

書籍就如講章一樣，在某種意義上具有自傳的性質；這或許說的沒錯。不管那本書是小說還是技術的、學術的文本，它都會顯露一些作者所看重的主題和圖像，就是一些集結了作者經驗內容的主題和圖像。書籍是生命的詮釋。

在某個層面上，以下的篇幅是我作為牧養輔導員的生命的一個詮釋。多年來在不同處境中擔當牧養輔導員的經驗，已積聚了一連串圍繞著那經驗而生的主題和圖像，它們給那經驗賦予詮釋和意義。書寫這些主題和圖像，是要努力嘗試訴說出，一個牧養輔導員怎樣看自己一直以來所做的事。

或許我需要強調一下這樣陳述本書的目的和結構的重要性。重要的是，實踐先於反思，體驗先於詮釋。對我而言（我懷疑對大多數牧養輔導員來說也是一樣），實踐——做牧養輔導員的經歷——並不是清楚及仔細地應用相關的理論。理論不是先行，然後人在工作上把理論實行出來的。最少按我現在所記得的：最先有的是經驗。在臨牀的環境、牧區和醫院裏，在教會和家庭、事務所和輔導室中，我都是硬生生的給推進做牧師、做牧養輔導員的經驗之中。反思、理論化的工作則是後來的事。誠然，執業伊始，我腦袋中是有一些圖像，但都是輪廓不清、籠統模糊的圖像。雖然有些圖像來自在神學院裏聽過的事物，但是較基本的圖像可能來自家父(他是傳道人)；我把從他身上無意間觀察到的都歸納到自己的思想裏。然而基本上，做牧養輔導員的經驗是先有的，遲些才輪到反思和理論化的工作。因此，把以下所談到的形容為一個牧養輔導員生命的詮釋，就似乎十分重要。從這個具詮釋作用的反思，或許一套牧養輔導理論會浮現出來；而我更希望那浮現出來的是一套牧養輔導的神學。但是這套理論和這套神學只會提供一些圖像和主題，而這些圖像和主題會證明，它們是那些反思自己經歷的人所用得著的。這不是一套可以隨時被應用的、先於經歷的理論和神學。

牧養輔導員作為聆聽故事的人

牧養輔導員是個聆聽和詮釋故事的人，這比任何事情都要重要。人們來找牧養輔導員，為的是想有人聆聽他們的故事。很多時故事都是雜亂無章的；它牽涉很多主題、情節及反情節。當然，故事本身是經驗的一個詮釋。要尋求輔導，通常表示那個詮釋已經變得苦不堪言，那詮釋所激發的情緒既強烈也充滿矛盾。那人所尋求的是一個聆聽者，一個詮釋的專家，能把瀕臨變得了無意義的事弄個明白，而且他對故事的詮釋能夠減輕那人的痛楚、令那些強烈的感覺變得較易讓人駕馭。有時，尋求輔導就意味著，人想要找個盟友，就是一位會肯定尋求輔導者自己對經歷的詮釋的人，而這盟友會肯定尋求輔導者的詮釋是與另外的那個詮釋——由另一個人硬要他接受的——是相反的，儘管尋求輔導者非常重視那人的詮釋。由於這些原因，以及其他複雜的原因，尋求輔導者來要求的是對所經歷的事一個新的詮釋，是為他或她的生命說一個新的「故事」。

人們向牧養輔導員訴說故事，而他們很多時都是用極普通的言語說出來的，那是關係上的言語：是與父母、兄弟姊妹、孩子和鄰居之間的關係，偶爾是與神的關係。那用來說故事的圖像和符號，源自那人出身的家族、文化、宗教背景。具解釋作用的故事所使用（正確點說是所藏於）的語言世界，是說故事的人所看為理應如此的世界。那個語言世界提供圖像、符號、評價性的措辭，以及承載感受的字眼，讓說故事者用之來為經歷的原素材建構一個詮釋。對人來說，經歷和語言實在不可能分開。

如果牧養輔導員和說故事的人都是來自同一個語言世界，輔導員也會同樣把這些語意當作是理應如此的。如果試過輔導一個與自己文化背景截然不同的人，譬如一個東方人(假設輔導員是個西方人),任何人就很快會體驗到,我們是多麼靠賴那些被視作理所當然的意思和圖像的。

但是如果那位牧養輔導員是善於聆聽故事的話,他或她很快就會聽得出,文化背景相同的人在使用語言符號和圖像的方式上,也帶著微妙的差別。說故事的過程充滿了那些來自具詮釋作用的個人經歷的個人意思。因此,牧養輔導員很快就意識到,他或她自己正活在一條界線上,好比「從圍欄望過去」,瞥見那人詮釋自己的經歷時所用的意思、圖像、符號和神話般的主題。聆聽故事時要盡力理解,這意味著,人首先要猶如一個還未完全通曉該語言的陌生人,聆聽那人說故事時在言辭的意義上的細微差別。不用說,要活在界線上,其中一個首先要學的功課,就是不惜任何代價都必須避免意圖作歸類定型,或認為事情是理所當然的。

牧養輔導員作為承載故事的人

牧養輔導員不但是一個聆聽故事的人,也是一個承載諸故事的人和一個故事。牧養輔導員不是兩手空空的來擔負起工作,去理解別人的故事,並且提出新詮釋的可能性。牧養輔導員帶著自己對生活經驗的詮釋,並附隨著源於自己文化背景所共同持有的符號、圖像和主題思想的使用,以及一些個人的、帶有細微差別的意思——這些意思是由牧養輔導員本身的生活經歷和對經歷所作的個人詮釋所形塑的。不但是這樣，牧養輔導員帶到工作上去的，還有他或她從那些為牧養輔導提供雄厚基礎的學科(神學、心理學、傳理或系統學說，諸如此類)所收集到的圖像、概念、理論和方法論。作為牧養輔導學科的代表，牧養輔導員曾經、而且仍然站在那分隔這些語言世界的界線上，而每個語言世界對人類的處境和狀況都各有自己的詮釋。這樣體驗過活在語言世界之間的界線上之後，牧養輔導員由此帶到工作上去的是一個名副其實的寶庫，內藏圖像、具詮釋作用的概念，以及意思與經驗資料之間的聯繫。牧養輔導的藝術在很大程度上是，在聽過求助者的故事、組織回應之時，如何使用那個充滿圖像的寶庫的藝術。那個程序，如果與那準確地聆聽別人故事並視該故事自有其語言和完整性的過程結合起來，就能打開一道通往對話的門，從而可能會為那人的故事浮現出一個新的、較有希望的、具詮釋作用的故事。

因此，牧養輔導可以被理解為一個對話式的詮釋過程，這過程牽涉到的是，輔導員和被輔導者作語言世界跨疆界的溝通。對話在多個層面上進行，有些是在輔導員和被輔導者之間進行，但更多的是在輔導員心中進行：他或她翻查那些已被挪用的不同學科的圖像、主題和符號，看看可有適用於所聽到的故事的，或可以理出個所以然來的。然後，輔導員要將這樣得出來的詮釋，說給求助者聽，而且要用那能讓求助者重新建構自己的經歷的方式來講述。一套嶄新的圖像浮現出來，它建構起一個新的、不那麼痛苦的和較有希望的故事。那舊的、未經處理的經歷，如今被收進新圖像的意義容器裏，以及與輔導關係所提供的新經歷融合起來，它披上新的意義，前路也變得豁然開朗。

我的牧養輔導故事

讀者或會覺得，把牧養輔導視為一種詮釋式對話，是個陌生和新的概念，所以，如果我把我牧養輔導的歷程稍為詳細闡述 —— 這歷程導致我構想和主張這個圖像 —— 這或會有幫助。不是所有細節都可以拿來分享的，因那將會太過冗長和沒必要地涉及過多私事。然而，光是故事的大綱就足以讓讀者感受到那個過程，而藉著那個過程，那觀念對我變得很重要。請記著，就好像所有的故事一樣，這故事涉及詮釋，而且它本身也是個詮釋。我希望、也期望，我把自己的故事說出來，藉此我能夠與讀者的故事產生聯繫。事實上在某些方面，我的故事可能在我那輩牧養輔導員的故事中，是一個典型的故事。

家父是個說故事的人。他所說的故事大多數是他在一八九〇年代開始的巡迴佈道事奉中所認識的人的故事。後來他在美國中西部的多所小城鄉教堂中事奉，他所屬的巡迴制度要他常常遊走於各地之間。我小時候常常無意中聽到他跟別人談話，其內容往往包括他所聽到的故事和他回答時所說的故事。我不能確切地想起曾聽過他和會友討論神學事宜，也不記得他和其他牧師有過這方面的討論，但他是非常喜歡跟那些牧師友輩詳談共聚的。然而我記得的是故事，很多時候還是有關人某方面的故事：人的愚行怪癖、道德上的好與壞、成與敗。他的講道明顯及直接地是神學性的，不過它們也充滿趣聞和有道德寓意的故事。因此，我是聽故事長大的，而且都是一些與人有關的故事。

我怎樣在又愛又不情願的心情底下決定跟隨家父投身事奉，這故事無必要在此述說了，我只需道明，那是在大學後期發生的事；那時我剛完成醫學院預科的課程，我的成績不錯，但自己覺得不滿意。我還記得我有一份熾熱的心，渴望能做一些與人有關的工作，是一些關於他們實在的生活問題的。因此我對心理學和社會學產生從事學術研究的興趣。大學所選的課目完全沒有把我帶進入宗教研究去，除了那個由一位受歡迎的教授所督導的、非常重要的科目之外。那位教授向我推介了詹姆士（William James）和另外一些宗教心理學家，他們都是十九世紀後期和二十世紀初的人物。

神學院讓我首度接觸神學、聖經研究和教會歷史的嚴謹學習。我對各科的內容都有興趣，但是不曉得甚麼緣故，像從前學習自然科學時那般，我個人總是感到不滿意。那時的聖經研究都是專門鑽研歷史文物的年期和文本碎片的真偽，這似乎遠遠偏離了我那份雖然模糊但是確實的、渴望與人相關的心志。當時的我正從少年人過渡到成年人、剛在職事中開始事奉，神學語言似乎是抽象的，而又不能把我生活上的問題清楚言說。若不是恰巧選修了古瑟（Fred Keuther）教授為期一學期的晚間課程，我對心理學的興趣絕對不會在神學院裏被培養出來（當時神學院還未有牧養輔導學系啊）；當時古瑟在昔日的美國與加拿大神學生臨牀訓練聯會（Council for Clinical Training of Theological Students）中任芝加哥分會幹事。古瑟談到人和他們生活上的問題，他又論及心理分析，以及心理分析探究人類問題隱因的新方法。古瑟是博伊申（Anton Boisen）的首批學生之一；而博伊申則是那時稱為臨牀牧養訓練（clinical pastoral training）的創始人。博伊申曾來講過一課。我覺得他怪怪的：面容扭曲，目光如炬，手持巨大的手杖。但是他的話吸引我，他說到關於「生命猶如文本」（living human documents）的研究，又說精神病是心靈的病，與身體發燒類同。

我修讀神學中途，決定到埃爾金州立醫院（Elgin State Hospital）選修一季的臨牀訓練。那個課程的導師不是博伊申。那時他剛退休不久，而他的位置則由安德魯（William Andrew）接替。不過博伊申在醫院裏仍有自己的辦公室，而且他繼續大部分時間參與該課程的訓練。安德魯那時剛從神學院畢業，接受過臨牀訓練導師的訓練，那時他正深入研究心理分析。我們閱讀英格列希（Oliver Spurgeon English）和皮爾遜（Gerald H. J. Pearson）的《生活的情緒問題》（*Emotional Problems of Living*）[1] 及費尼歇爾(Otto Fenichel)的《神經官能症之心理分析理論》(*The Psychoanalytic Theory of Neurosis*)。[2] 在神學方面,我們詳細討論過神無條件的愛,以及人對擺脫心理上和道德主義的強迫作用的渴望。其後在我的腦海中,這些觀念已經和羅杰斯(Carl Rogers)的「無條件積極關懷」(unconditional positive regard),[3] 以及弗洛姆(Eric Fromm)就獨裁主義良知與人本主義良知(authoritarian and humanistic conscience)[4] 之間所作的對照,緊扣在一起。在完成了神學院及畢業後一些輔導與諮詢的研究之後,我接受了衞理公會在我家鄉堪薩斯州(Kansas)首府托皮卡(Topeka)的聯會的聘請。我作出這個選擇,主要原因是想靠近當時已聲名大噪的門寧格基金會(Menninger Foundation)。我隱約地期望能進一步發展我對臨牀訓練及心理分析學的興趣。我想進修心理分析學,是因為來到那一刻,我已經深信,要探究自己和其他人生命中較黑暗的隱祕,最佳時刻就是靠臥在心理分析師那張躺椅上的時候!我這個初上任的年輕牧師,既膽顫又興奮,而我第一次講道的題目是:〈作一個如其心所想的人〉(“As a Man Thinketh in His Heart”)。後來,兩個目標(臨牀牧養訓練和心理分析)我都達到了,並經臨牀訓練聯會(Council for Clinical Training)正式認證(當時的用語是認可)而成為臨牀牧養導師。

從這個勾勒著我步入牧養事奉前後幾年的生命故事中,我們可以明顯地看到有一個主要的詮釋圖像,它影響著我對自己的理解，也影響著我如何構思一套未成熟的牧養事奉理念。那個詮釋圖像源於心理分析學，而這心理分析學被理解為——以芬格萊特（Herbert Fingarette）的精句所形容——「尋找那隱藏的事實」。[5]那些產生人際衝突和痛苦的真正個人動機，都被視為主要是隱藏的，它們不但是被埋藏於無意識的童年家庭生活殘餘片段之中，也被隱藏在他們的行為和關係所具的高度象徵意義裏。心理分析學的語言世界是開啟那些隱藏的事實之鑰匙。在真正使用到神學語言的範圍內，那些符號都充斥著心理學內容。神學和心理學這兩個語言世界在談及人類心靈的掙扎時，其所用的方式似乎差異極大；而我希望把那兩個語言世界的問題看成如此：神學對於罪和疏遠、破碎和異化等概念都是籠統概括的，而心理分析心理學卻是把這些被神學所概括的內容，鉅細無遺的加以詳細說明。有關救贖和救恩的意義的問題，則較難變調成心理分析的詮釋，但是以某個方式，那些問題與治療程序有著象徵性的關係——這治療程序正是我所從事的，而且我也期望把我自己以牧師和臨牀導師的身分來指導時所建立的關係，貫注在這程序上。

然而，我對於心理分析詮釋學就表象所抱的懷疑的追求，以及對追查隱藏的事實的探究，並沒有消滅我對宗教的關注。反之，它向我揭示了我自己宗教本質和追求的深度，它也活化我對重大宗教問題的深刻含義之覺醒，這些宗教問題包括：終極意義、人類對在父母及其他重要人物以外的一個「他者」的渴求，以及死亡的問題。有一天，這三個揭示突然變得清晰無比，那時，我心裏湧現兩種意識：我意識到那些在我的夢和聯想中反複出現過的宗教符號，以及家父在我開始涉獵心理分析學之前七年的離世對我個人所產生的重大意義。由此一個宗教與經歷之間更深、更令人信服的聯繫，就被燃點起來，我以前對神學語言的潛在興趣也被喚醒了。於發現田立克（Paul Tillich；編按：或譯蒂利希）的著作之後，我更得出了一條追求那些興趣的途徑。

在一九五〇和六〇年代，在專業上我有兩方面的發展，一方面是在一所大型的市內醫療中心裏，透過一個探索輔助少年罪犯及危機處理的職事，以及後來參與一個治療酗酒的計劃，我取得跨科際的臨牀經驗。與此同時，我還有自己的牧養輔導工作。我參與這些工作愈久、愈多，我就愈感到疑惑：牧養輔導對人的狀況是否有一套獨特的看法？在這個牧養輔導運動裏，很多同業雖然表面上頗為尊重神學，但是他們在生活上、思想上、工作上，似乎都愈來愈從心理學或心理治療的預設出發。牧養輔導的職事和心理治療變成同義詞。在這個專業範疇裏面，心理治療的詮釋變成給職事而整理出的圖像。有些人從懷疑的心理分析式詮釋，轉移到另外一些治療模式，而這些治療模式都是一些源自成長的詮釋和人類潛質的實現方法。但是在任何重大的意義上，神學都一直退居幕後。對於這些趨勢，我感到極其不安。

在這期間，我慢慢意識到，愈來愈多著作對西方文化「從心理學角度詮釋」人的經歷，都作具批判性的再議，而這些著作是這趨勢的開端。利傅（Philip Rieff）所著的《治療學的勝利》（*Triumph of the Therapeutic*），[6] 是在這方面對我影響甚大的一本書；而弗洛姆的《人心：善與惡的本領》（*Heart of Man: Its Genius for Good and Evil*）[7] 亦然。與此同時，新正統運動（neo-orthodoxy）在某些神學圈子裏全面崩潰，其高潮就是那短暫卻兇猛的「神已死運動」（death of God movement）；這促使我對信仰及其在科技時代是否仍然有效這個問題，作更深的智性省思。我接到邀請，在一所大學宗教研究課程的研究生研討會中發表論文，而研討會的論題是「人的痛苦與神的安慰」（"Human Suffering and Divine Consolation"）。這個邀約結果證明它起了關鍵作用，因為它要我率直陳述我對有關人類痛苦的臨牀經驗所作的神學省思。隨後的一段年月裏，那篇演詞也被修改過幾次，最後以印刷的形式收錄在《現代生活的危機經驗》（*Crisis Experience in Modern Life*）的〈自殺、無望與絕望〉（"Suicide, Hopelessness, and Despair"）這一章裏。

到一九七〇年，我又回到神學院去；這次是應邀講解我對「臨牀神學」的關注——在具體經驗中出現的神學問題——與模塑職事中年輕新手之間的關係。這個邀請也讓我有機會與神學家和聖經學者作日常對話，就好像我之前與醫生、心理學家和其他助人行業的人所做的一樣。期間，我牧養輔導的臨牀工作愈發加深我的關注，希望可以用一種較公平的跨科際方式，來對這個工作提出反思，這工作不是要強迫神學從屬於心理治療理論，也不是要因高壓地堅持那運用神學詞辭和談論神的權威，而把心理治療的語言納入神學之內。

就在這一刻，在我作為牧養輔導員和牧養導師的生涯中所有的活動，恰恰都聚合於一點，而我也開始認真撰寫我的早期著作《現代生活的危機經驗》。在那本書裏，我嘗試從廣闊的跨學科角度，來檢視個人和家庭生活危機的一些範例經驗。在神學上，那本書發展成一種對諸問題的檢視，而很多時在現代生活中人對神的護佑（providence）失去了那份既深厚又強烈的感受時，那些問題就展現出來。隨著該問題而來的是一個實際的、牧養的、神學的問題：怎樣才可以恢復人對神為人作工的那份意識。在撰寫那本書而引申出來的工作顯明，那個問題變成一個詮釋的問題。在危機中的人被視為夾在絕望的詮釋與希望及期盼的詮釋之間。大部分危機經驗的問題都被看成是失去了連續感（sense of continuity），並同時感到很難帶著希望與信心，進入那個不確定的未來。

自從寫了那本有關危機經驗的書之後，我繼續不斷留意有關詮釋方面的主題。我覺得這是個迷人的概念：對於世界和人類生活是怎樣的這個問題，任何著手理解的方法，都是建基於某些原始圖像，而且其後所有觀念和態度的建立，都是源自那些原始圖像的。把那個簡明的詮釋觀念套用在猶太基督教傳統上，讓我一瞥創造主的核心圖像其含意的深度：創造主以信實對待受造之物，並把人看待為兒女。那個圖像衍生出一整套觀看所有事情之所是的方法。它提供一條詮釋鑰匙，讓人明白日常現實、人際關係和存在本身，而且理出箇中意義。它又塑造那些最基本的問題——那些我們作為活在該傳統底下的人會問的，是關於在經驗中會發生甚麼事的問題。

當然，各種現代心理學往往都擁有非常不同的、核心的範式圖像，然而這些圖像也有它們的歷史根源，其中一些還是源於基督教思想的歷史的。某些心理學擁有一個生物學的核心，就好像——例如——關於原始生物的本能需求的觀念，這是經典的佛洛伊德派學說的中心思想。另外一些心理學以自體（self）為主要的組成圖像，視之為成長過程及適應關係世界中的主體。正如我們稍後會看到的，心理分析心理學近年來其中一個有趣的發展，是一個關於攙合這兩個範式的爭議，而推行這種攙合的有以科胡特（Heinz Kohut）為例的那一類理論家，以及某些奉行客體關係理論（object relations）的心理學家。

在我看來，詮釋學的角度既非常實用又富分析和理論價值。在牧養輔導工作上，輔導員需要衡量怎樣恰當地使用心理學的理論和工具，並且決定哪些是堅持神學觀點的最適當時刻；詮釋學的角度能夠幫助輔導員理清在當中作判斷的方法。然而，那甚至凌駕這一切的是，在我理解自體的生命（the life of the self）或——以基督教的用語——

心靈的生命（the life of the soul）時，詮釋學的角度便成為我理解的方法。那生命 —— 首先而且基本上 —— 是一個詮釋經驗的生命。心靈的生命就是在經驗的事件與詮釋的意義結合之中發生的。稍後再談這個！

在導論中，我簡略地提過關於改變（change）的問題，有甚麼改變、怎樣帶出那種改變；對於所有的心理治療，以及牧養輔導，那是個既困難又重要的問題。那個問題將會從多方面為本書隨後的三章提供一個具組織性的主題；而且在其後針對牧養輔導的方法論的篇章裏，它也會有這個作用。我鼓勵讀者留意這個問題，就好像順著一條紅線去看它怎樣貫串我們將會討論到的神學與心理學資料。神學與心理學角度的差別，要在環繞那以改變的問題作主題的討論中，才變得更清晰。但那兩個角度也是在環繞那個主題的討論中，才最能夠相得益彰。同樣地，關於改變的主題也提供了一個場地，讓牧養輔導的詮釋理論在其中變得最有用、最富啟迪。

在以下的篇幅裏所討論到的概念和理論，跟我在不同環境裏當牧養輔導員的生活之間的聯繫，我們或許不是一眼便看得出來。我希望為制訂一套牧養關顧與輔導的概論，出一分力；而這個願望要求的是一定程度的客體性與距離。但是我要向讀者保證或示警 —— 視乎情況而定 —— 在下一章和隨後的篇章裏所陳述的概念和圖像，都是我在當牧養輔導員的生涯中，活在不同語言世界的邊界時，隨著時間累積而來的。它們都是從實踐中浮現出來的觀念。我會透過個案資料和我對自己工作的反思，嘗試把這些觀念與我在某些方面的明確角色中所得到的生活經驗，連繫起來。我也會嘗試——在看來有用的範圍內——詳細說明那些最重要的觀念與產生它們的歷史和學術傳統之間的聯繫。來到這一刻，牧養輔導作為一個學科，它務必要在職事和俗世醫療的芸芸實用學科之中穩佔一席位，所以我認為，第二個我要嘗試做的工作，尤為重要。然而，那個決定著一些觀念的發展和這些觀念被發展的方式的組織性原則，將會是我分享自己在反思自己工作所得的啟迪和感到充實之處的原則。因此，我希望我所披露的像文本的生命，基本上是我本人的故事。考慮到這一點，我們似乎應該轉到另外一件工作：為「生命猶如文本」的範式圖像，發展一套詮釋說明。

2 生命猶如文本：以博伊申的圖像為範式

當博伊申（Anton Boisen）首先建議牧者訓練應該包括「『生命猶如文本』的研究」的時候，他提出過一個類比；可惜那個類比所蘊含的意思，卻從未得到詳盡的孕育發展。一般來說，博伊申被視為美國臨牀牧養教育的始祖，因而也是二十世紀牧養輔導運動的先驅之一。然而，嚴格來說，博伊申對牧養輔導關注只屬次要的。基本上，博伊申的關注是，在牧者們的思想裏面，神學語言的客體化切不可跟人類經驗那些實實在在的資料脫節。他恐怕神學院學生和牧者們在學習神學的語言時，沒有做好那個聯繫。博伊申認為，在人際關係的具體情況中，人們會為屬靈生命的種種問題苦惱掙扎；而我們只有細心地、有系統地探索他們的生命，才能恢復那個聯繫。對博伊申來說，這意思就是「生命猶如文本」（living human documents）的研究。[1]

博伊申把對具體宗教經驗的研究放在優先位置，這正正披露了他與宗教傳統的心理學的關係，而那個傳統是由詹姆士（William James）、斯塔巴克（Edwin Starbuck）、勒巴（James Leuba）、霍爾（G. Stanley Hall）等人，在十九世紀末、二十世紀初所形塑的。博伊申認為，宗教經驗要怎樣運作方能在個人生活經歷的困難中體現出來，這才是最重要的問題；這正好反映出那個傳統的實用主義式觀點。然而，博伊申所關注的，不單只是探究宗教經驗。他的研究興趣蘊含一份對不安心靈的安康的熱切關注。雖然我記不起曾聽他用過「牧養輔導」一詞，然而現在用那詞來命名的牧養活動，卻明顯地不只是他所關注的，而且對他來說，是具有極其深厚的宗教意義的。事實上，在他晚年時，他對後輩們染指心理分析治療法和俗世的心理治療，提出強烈的批評。對博伊申而言，心靈的醫治基本上是需要處理宗教經驗那未經琢磨的素材。

附帶說一句，關於我頭一次聽見博伊申對心理分析的批評時的反應，是頗值得一提的。當時我是一名年輕神學生，對新發現的心理分析語言感到振奮莫名。一方面因為我受的是美國中西部常見的敬虔傳統的教養，而這發現卻令我從所受撫養的道德主義定型中釋放出來。另一方面，我認為心理分析語言對隱藏於行為中的動力（dynamics）的注意，是具體的。博伊申的批評看起來似乎既狹窄也封閉。然而，經過後期歷史上的發展，加上我自己當牧養輔導員的心路歷程，回頭再看其批評時，博伊申的觀點卻顯得頗有道理。

根據博伊申提出的圖像，人是一本可被閱讀和詮釋的「文本」，好比詮釋一本歷史書一樣。直到目前為止，他的圖像只被看成是一個忠告，讓人在發展事奉理論中以人的經驗為開始。那無疑是博伊申的主要意圖。然而，博伊申還有更深的意思。他的意思是，人在其精神和屬靈生命上掙扎，這種深層經驗所得到的尊重，應該與那建立我們猶太基督教信仰根基的歷史文本其所得到的尊重等同。每一份像文本的生命都各有其獨特完整性，需要加以理詮和解釋，而不是分類定型。正如講道的人不應靠曲解一些典範經文(proof texts)來達到自己想要的意思，同樣地，一個人的文本也要求我們因其本身的價值而加以聆聽。再者，博伊申也要慎防自己會好像同期業界大多數人一般，把自己所細察的不安心靈其所展示的症候，加以「詮釋」，或者歸因於特殊的、有機的或開發的因果關係。相反地，他認為他們是一些內心世界已變得紊亂無章的人，以致那個世界已失去了其根基。[2] 因此，博伊申想以極其嚴肅的態度，來看待不安的人的言談舉止，把其視為可以被詮釋、被理解的言談舉止，並且可以好像對待一篇原文文獻的語言一樣，作出回應。詮釋學學者會賦予歷史文本(不管是新約聖經文本，還是任何在另一時地的作者所留下的關於人類經驗的文字紀錄)權威和按自己意思説話的權利；博伊申也賦予那像文本的生命相同的權威和權利。對於自己的經歷和對經歷的詮釋，博伊申也主張它們有那個權利。[3]

不安的人敘述自己經驗的內心世界，不管所用的言語有多奇特，我們都應該以其自有真確性及權利的態度，而予以尊重和聆聽。那所需要的是一個詮釋者和嚮導。

我作為一個視博伊申為屬靈前輩的人，近年來我發覺，在他的著作中這個主要的組織圖像愈來愈吸引我，使我的興趣大增；由此這圖像開闢了一條可行的反思途徑，藉此我們今天可以對這個他協助促成的事業的一些問題，考量一下。關於那個人的圖像(作為一份活文本，那人是我們牧養關顧和輔導的對象)會否展開一條可行的路，讓我們著手恢復牧養輔導在神學上所釐定的使命感和宗旨？那個圖像及其含意能否幫助我們重建那些聯繫——我們作為牧養輔導員在服事人的職事中所做所說的，與那個塑造著我們神學傳統的歷史文本的語言之間的聯繫？

眾所周知，牧養輔導自二十世紀晚期冒起以來，在反思的基本運作模式上，大都是建基於由心理學和行為科學所訂出的圖像和概念、先設條件及存有論的假設。而情況大多數是這樣的：那危機是存在的，就是使在歷史上具意義的基督教信仰，與牧養輔導業之間那賦生命的聯繫陷於斷裂。[4] 只要情況落在那種光景，牧養輔導員所工作的感知的和概念的世界——即意義的世界——便變成一個不再存有信心和救恩、罪和救贖的表述的世界。人反而會發覺，自己在尋找和觀看的世界，住滿了這些受神經質病徵、身分衝突及補償行為所折磨的人——誠然，這些全都是正確而且有用的字詞圖像，但是其宗教意義卻已差不多蕩然無存。

語言建構世界。對人類而言，擁有一個世界、活在一個世界裏，其意思是居住在一個時空之內，在其中某一個語言與經驗相連，以賦予那個經驗一個意義。能製造意義的能力，比任何事物更能成為人之所以為人的標記。每當我們生命中發生任何事情，不管是小事如腳趾踢到人行道的縫隙，還是「大」而重要的事如結婚或患上可怕的疾病，它都不會成為我們的經驗，直至我們為那件事加上言語、賦予意義。事實上，因為我們活在用語言所建構的世界裏，所以語言和事件之間的結連是一個必然的過程。雖然反思會創造新的意義，但即時把字詞連於經歷，卻是在頗為不自覺中進行的事。

把人形容為一份活文本，這就是承認生活與語言之間有著這個聯繫。這就是承認，要明白博伊申所指的內心世界，便得靠明白那個把經驗的內心世界與外界事件聯繫起來的語言。因此，要理解他人的內心世界，這是一件詮釋的工作；所詮釋的是一個經驗的世界，而那個世界本身已經是一個對於無數構成一段人生的事件和關係所作的詮釋。換過另一個說法：要在另一個人內心世界的深處去理解那個人，這是一件詮釋的工作。因此，這工作會取決於種種問題和可能性，全都是詮釋一份古代文本——譬如新約福音書或書信——所要涉及的。那分別在於這篇文獻是活的，並會繼續用能表達自己內心世界的嶄新言語和行為，來揭示自己。

帶著這份關注來處理如今稱為詮釋學（hermeneutics）的哲學傳統的文獻，我們就會立刻發現，博伊申的著作與數位十九世紀詮釋學先驅的著作——尤其是士來馬赫（Friedrich Schleiermacher）和狄爾泰（Wilhelm Dilthey）的著作——存在著一些有趣的相似之處。在士來馬赫和狄爾泰的著述中，我們都發現，他們同樣深深尊重主體性的整全（integrity of subjectivity）——即個人活生生的經歷的獨特性和權威，人斷不可能對它作出簡化的詮釋。

士來馬赫是十九世紀德國的偉大神學家，人一般都認為他是詮釋學創始人之一。他建立了一套他稱之為詮釋學的一般理論，其設計為要適用於每一篇口述的或書寫的語言陳述。他首先專注於平常的對話，在其中講與聽的人都有共同分享的語言。這構成了一個「普遍元素」（universal element），一般的條例、常規都應用在它之上。講者和聽者都受制於那塑造該語言世界的權力和結構。但是在當中所傳送的，還有一個個人的信息或「獨特元素」（particular element）。要聽到這個信息，人需要的就不單只是對表達那信息所用之語言有技術性的知識。士來馬赫總結，要辨認這個獨特意思，人就需要另一層次的詮釋；他稱之為「心理的」或「憑直覺推測的」（divinatory）層次。這後者需要人對書寫的人或講述的人，存著一種直覺和富想像力的感覺。[5]

任何人若試過以同理心（empathy）去理解一個不安者

所說的信息，那人就肯定會對士來馬赫的「憑直覺推測」這概念產生共鳴，儘管當我們嘗試精確地釐定該概念之時，那概念總是不明確的。當我們聆聽別人說話時，人會因力求領會另一個人在那說了出來和沒說出來的信息中那微妙之處和意義之細微差別，而陷於難以理解、困惑和徒以直覺作判斷的風險之中；這跟「憑直覺推測」一詞所傳遞的圖像，同出一轍。在此，我想起自己在當精神病院院牧時，曾多次嘗試辨認——「推測」——精神病人所想告訴我的究竟是些甚麼。

狄爾泰是位哲學家及文學歷史學者，活於一八三三至一九一一年之間。他接續士來馬赫的工作，並在詮釋學的訓練中尋找根基，就是所有詮釋人類內在生命之諸種表達的學科的根基，不管那些表達是人類行為、法律、藝術，還是文學。[6] 狄爾泰對當時物理科學的不少機械式圖像提出異議，並堅持主張人必須為研究人類現象而建立新的詮釋模式，這模式所根據的是「意義」(meaning)的種類，而不是好像自然科學那樣以「權力」(power)或「力量」(force)為根據。狄爾泰指出：「大自然，我們可以解釋；至於人，我們就必須理解。」[7] 好像士來馬赫一樣，對狄爾泰來說，理解另一個人，就是理解那人的思想，或以博伊申的言語，就是理解那人的內心世界。雖然理解涉及認知，但是最終需要的已不只是認知的覺悟。這情況出現在生命被生命領會之時，以及在對共同經驗的理解發生之時。對狄爾泰來說，這表示所有對人類經驗的理解，基本上都是歷史性的；意義和有意義的程度，都是處境化的。它們都源於某時某地的處境情況。

同樣地，要詮釋另一個人內在經驗的意義，這取決於進行詮釋時的處境。這樣一來，狄爾泰的觀點就徹底質疑，把硬自然科學（hard natural sciences）的方法學應用在人類的主體性上，是否正確。用於科學研究的方法學，必然涉及詮釋的主體—客體模式（subject-object mode）。人類經驗，純粹因為其歷史的獨特性，必須使用一個不同的探究模式。從主體—客體模式所包含的「距離」，來考量人類經驗的任何陳述，恰恰就是要表示，與該歷史性—處境化的獨特性（historical-contextual particularity）失去聯繫；就人類經驗而論，這獨特性必須受到尊重。

較近期的詮釋學的學術成就，令士來馬赫關於憑直覺推測的概念，聲名受損；這正正是因為該概念適合於人將其個人成見投射在文本上，當然，就如在牧養會談中「憑直覺推測」的情況一樣。由於學界認識到，人的意義和自然過程總是互相糾纏及互有相關的，狄爾泰在對「人」的理解和對「自然」的解釋之間所作乾淨俐落的區分，亦同樣受到質疑。有關探究的主體—客體模式之客體化及距離，狄爾泰對其所引起的困難，提出了疑問，而這疑問仍然常常在詮釋學理論中引起討論。狄爾泰認為，自我理解本身需要個人本身與自己內省的主體性，保持一定的距離。狄爾泰提到，自我理解的追尋，包含一種詮釋學上的繞道，藉著在歷史中反思他者的客體化表述而達成。[8]

我一直致力研究臨牀方法學，包括對牧養關係中的會談和重大事故作逐字紀錄之使用。像我這樣的人，都會對狄爾泰的概念(藉著與對經驗的客體化所作的反思，保持距離，從而生出自我理解)產生某種共鳴和肯定。因此，並非一切距離都是不好的。我們反思那經「客體化」的牧養會談記述，從中獲得所提供的距離，藉此，我們就能更真正地認識自己，因我們如今從一個短距離看自己曾經怎樣在一段關係中行使職責。

對狄爾泰來說，自我理解必須有這個「詮釋上的繞道」，這印證了我們人類是具歷史意義的存在物。我們是誰，這一直都蘊藏在那塑造我們生命的歷史過程裏面。我們永遠不可能從我們歷史以外的角度去看自己，因為我們之所是，是在自己的歷史中並透過自己的歷史而成的。[9]

於此，當我們詮釋那像文本的生命時，我們遇到第一道在詮釋上的難題。牧養輔導員作為詮釋者，就好比新約聖經的讀者，他或她不是兩手空空而來的。他或她是帶著一段歷史和一個語言世界而來的。更準確地說，他或她所帶同而來的，是他或她所深藏其中的個人及社會歷史，以及他或她所沉浸其中的一個或多個語言世界——他或她從這些語言世界擷取圖像、符號和意義，用之來產生一個詮釋。

如果人想真正聽清楚對方所要說的完整說話，那人就必須突破那堵阻隔著聽者的語言世界和說者的語言世界之間的屏障。說得更基本一點，要「認識」另一個人，其意思就是進入那人的世界，而進入的方式就是要讓二人所經歷過的實在（experienced reality）能夠共融。舊約聖經的古老意象用「認識」一詞來聯想到兩性之間的性交；這表達了一個真正意義：如果人要真正的認識另一個人，親密的併合或者詮釋就必須發生。在神學上而言，於此我們遇上了道成肉身（incarnation）那原始的意味。在道成肉身的意念上，要認識另一個人，就是進入那人的世界，也讓那人進到我們的世界。在詮釋學而言，只因為我們可以進入那人的語言世界——即那人的意義世界——並只有進入那人的語言世界，這認識才成為可能。同樣地，如果我們想別人認識自己，對方就必須在某程度上進入我們的世界——即意義的語言——這世界是我們帶到這次相遇中的。正就在這一點上，牧養輔導員用來塑造自己對那人的看法和回應的語言世界，就變得非常重要。如果那個語言世界充滿神學和信仰的圖像，受輔導的人就會被邀進入一個用那些圖像所塑造的世界。反之，如果那是一個由俗世圖像所形成的語言世界，輔導員所邀請求助者進入的，也就是那種世界。

傳統上，在牧養輔導理論之中，人也曾以同理心、和睦融合（rapport）和接納的語言來提及這個步驟。感同身受就是與那人易地而處，體會那人所經歷的生活現實。任何人若試過與人相交，尤其是與一個深受生活經驗所困擾的人相處，那人就知道這是一件多麼不容易做到的事。

不管我們多麼努力以赴，我們作為那個我們想結交的人之「他者」，這個處境已影響了我們在那個情況裏的身分。我們自己感知的和詮釋的能力，很快就自動地開始起作用。我們實在有必要提出這個問題：我們是否真的可以完全放棄自己感知的和詮釋的世界，從而對另一個人的世界感同身受，並與之合而為一？

當我為這個問題再次向詮釋學傳統尋求幫助時，我受到另一位較近代的哲學家伽達瑪（Hans-Georg Gadamer）——他在這個傳統中寫過不少著作——的見解所吸引。就好像前輩狄爾泰一樣，伽達瑪所持的立場是：既然人人都是站在歷史進程的流動之內，所以，以主體—客體的詞彙來考量詮釋工作，是不正確的；主體—客體的詞彙好比說，人可以站在外圍，觀看另一個人用說話、書寫或其他藝術方式來表達自己，而這另一個人則被視為一個客體，被人從一個與歷史無關的位置來檢驗及分析。伽達瑪表示，它在很大程度上反而是一段對話的過程，在其中所期望做到的是他所提及的意義和理解的視界（horizon）的併合或融合。[10] 這意思是說，當我們嘗試理解另一個人之時，不管是透過一篇文章、一份藝術作品，還是一次對談，我們都是帶著自己的偏見、自己的「前理解」（pre-umderstanding）、自己的成見來進行的。它們都是那個我們在其中生活和與他者相交的世界的重要部分；它們形成我們理解的視界（horizon of understanding）。

> 如果一個人試圖理解一樣東西，他不能一開始就靠自己偶拾的舊有概念，盡量合乎邏輯地並固執地錯過文本的真正意思，直等到那個意思響亮得不絕於耳，打破他對那樣東西所想像出來的理解。相反地，試圖理解一份文本的人，會預期文本將會告訴他一些東西。這就是一個受過詮釋學訓練的頭腦，必須從一開始就對文本的新（newness）有敏銳的觸覺的原因。但這種敏銳性所需要的，並不是對客體的事保持「中立」，也不是那人消除自己本身，而是自覺地消化了自己的先前意思（fore-meanings）和偏見。重要的是人要知道自己的成見，以致文本能盡顯其新鮮之處，並因而能夠確立其真正的意思，以抗衡人自己的先前意思。[11]

從詮釋學角度的數個要點來看，「理解的視界」的概念——我們帶著它進入每一個所遇到的新處境裏——對牧養輔導而言是重要的。首先，它指出，我們是在有限的限度內，努力理解另一個人的。這是要展示出，感同身受的實現，就是擁有一個視界——可能性的一個限度。誠然，關顧本身（譬如牧養關顧）已被表明是在有限視界以內的關顧，是受到牧者帶進關顧行為之中的成見和意義所影響的。由此顯出，關顧和同理心是人類之間的相互行為；在其中，關顧者與被關顧者的主體性限度，就變得容易受到傷害。關顧包括打開我們理解的視界，容許另一個人的世界闖進來，希望並期待在這次相遇中能分享到新鮮的東西——這是一種「視界的融合」(fusion of horizons)，在其中，兩個人可以向對方說話，可以互相質疑對方的理解。我們稍後會需要進一步在神學上探討這個概念，以及研究關乎聖靈活動的圖像。目前我只想指出，這個圖像——與另一個人的相遇打開理解視界的融合的可能性——對牧養輔導有一個重要的含義。

在第二重、也是同樣重要的意義上，伽達瑪關於理解的圖像——包含主體之間理解視界的合併或融合——對牧養輔導是重要的。它容許牧養輔導超越一個思想傾向，而這思想傾向是從大多數助人行業的科技世界所接收過來的。它拆解了人對牧養關顧和輔導的理解：牧養關顧和輔導被視為主要牽涉到，牧者將所學到的技巧應用在解決人類的問題之上。關顧和輔導——被視為一個詮釋過程——並非以主體對客體、牧者對教徒、輔導員對受輔導者的模式來表達出來的。牧者所帶來的那些技巧，反而應該被視為一個已形成的意義世界的表達方式，它既邀請求助者來分享那個意義世界，也把那個意義世界強加在他者的意義世界之上。因此，對於那像文本的生命其「文本」(text)的顯露，技巧可能是一個障礙，也是一個助力；或者技巧不是一個助力，反而是一個障礙。用伽達瑪的說法，牧者必須讓「文本」向他或她說出一些東西，「明確道出其自己的真正意思，以抗衡人的先前意思」。

一些牧養輔導員仔細考量伽達瑪對於主體之間理解視界的融合之分析，對他們而言，還有一個重要而必須考慮的問題湧現出來，而該問題既含有希望，也帶著困惑。在伽達瑪心目中，詮釋者與文本或人類其他表達方式之間那主體間的相遇，包含著一個可能性——更確切地說，一個強烈的必然性：詮釋者和詮釋的客體皆在意義的基本層面上被改變。要認識詮釋的客體，這不是指在某種靜止的、「現在或過去的真正狀態中」發掘其意義。相反地，理解視界的融合為可能性展開前所未有而新穎的視野，為將來可能發生的事，打開一道前所未有而新穎的門。

正正在這一點上面，牧養輔導員在為治療中最棘手的問題——關於改變的問題——尋找答案之時，隱約見到一線亮光。在輔導關係裏面，甚麼能促進人的改變？改變究竟是甚麼意思？為甚麼有些人在某些情況下得到某些牧養輔導員的幫助，能夠改變其做人的方式，以致其在生活和關係上的老問題得到解決或改善？儘管輔導員多麼努力，為何有些人就是改不了？那促使改變成為可能的又是甚麼？

所有關於治療結果的研究，都嘗試把那些產生改變的因素，置於治療關係之中。[12] 然而，那在治療關係中發揮果效的，確實是甚麼？伽達瑪所提出的理解視界融合這詮釋學概念，或可提供線索。那種反映關係的方式，提供了一個可能性，就是在兩個主體性之間所體驗到的豐富、巧妙平衡和尊重之中，輔導員及被輔導者都對新事物的闖入持開放態度，並易受所闖入的新事物傷害；這開拓出某種新鮮的可能性，讓人可以改變做人的方式，改變其與他人——因此與所有人——的相處。關於兩個人或更多人的理解視界的融合，一個圖像——每個人都是一份現在容讓別人詮釋及提問的活文本——其最基本的輪廓開始成形，漸漸成為了處境（context）的圖像；在處境中，改變成為可能的。

伽達瑪把這個過程説成是一種遊戲（game）。

> 人與別人談話時，大家會產生一種共識，而這談話本身便是一個遊戲。每當兩個人對談的時候，他們説的都是同一種語言。然而，他們自己絕對不曉得，在説著那語言之時，他們正進一步玩弄著該語言。共識之產生是由於話語遇上話語，而話語是永不固定的。在我們彼此對談之時，我們便是不斷跨進另一人的思想世界裏去；我們與他交手，他也與我們交手。於是我們彼此使自己初步適應對方，直等到互諒互讓的遊戲——真正的對話——開始。[13]

這就是伽達瑪論點的要旨：在那些參與談話或任何具詮釋作用的相遇的人之間、在那主體性之間的「遊戲」中，真正新鮮的東西就冒出來；那新鮮的東西比各參與者帶到這次相遇的東西，更為優越。在真誠相遇的遊戲中，所有參與者都得到改變。在稍後的篇章中，我會重拾這個概念，並將之加以應用，以解說由求助者帶到輔導關係來的種種自身神話，與由牧養輔導員所表述的基督教神話之間的相互影響（interplay）。就在這理解的兩個語言視界之間所發生的遊戲及相互影響裏面，那符合基督教神話的改變便能發生。關於自體的神話和牧者作為基督教神話的代言人的這個概念，需要同得進一步發展，之後我們才再釐清那個過程的指望與可能性。

然而，正如我在上文説過，伽達瑪的詮釋學分析，指具詮釋作用的相遇乃是理解視界的融合，這不但帶著希望，也包含問題。簡單地説，所包含的問題在於它暗示：改變只在於那更改了的理解。倘若那正在考慮中的相遇是一份歷史文本，例如一段經文，那個關於改變的視象（vision）起初或許看似足夠。一個人對人類疑難或問題在認知上的理解，也許真的可以改變，就好像伽達瑪所假設那般，但當那個文本在主體性之間被相遇上時，一個人的理解視界便會隨之而更改。與別人來一次主體性之間的會談，這可以改變一個人對自己的疑難和處境在認知上的理解。但那便足夠嗎？個人在理解視界上的那種更改，真的能創造和持續在行為及感情關係上的改變嗎？人自體作為一份活文本的這個圖像，是否終會失效？

本書的主旨是認真處理這個疑難，而這需要在隨後的數章裏面下很多工夫。但是，朝著我想達到的解決辦法開始邁進之先，我們需要回到博伊申的主要方案：理解精神病患者的痛苦的本性，特別是他本人的痛苦的本性。在《探討內心世界》（*The Exploration of the Inner World*）的導論較起初的篇幅中，博伊申提及過一封信，在信中博伊申將不安者生命中的事件連繫到有關事物本性的觀念上。

> 他發生了一些事，這些事使他的根基——在其上建立正常推理——也傾覆了。死亡、失望或失敗感，可能使病人不得不從頭再建立自己的世界觀，他的思想會被一個觀念所控制著，他努力想把這個觀念放到合適的位置上。我想，那一直都是我的煩惱，而且我想，那也是很多人的煩惱。[14]

在這裏，博伊申把不安者的難處，置在經驗事件與有關它們意義的概念之間的結連之上。人或許會說，他把那問題置於詮釋過程——就是對那人生命中所發生過的事所作的詮釋——中所出現的阻塞或歪曲之上。

於此，博伊申指向人類作為意義製造者，其所遇到在生命上關於存在的難處及窘境。一方面，連串確鑿的事實在事情發展之中漂流過。我們從出生開始，就受到整系列事實和事件的各方面的影響，而這些方面都是我們獨個兒甚少、甚或不能控制得到的。作為有限的受造物，我們只能受這些事實和事件的支配。它們形成我們的命運（destiny）——這正是田立克（Paul Tillich；編按：或譯蒂利希）所提及的。[15] 人類處境的給定性（givenness）帶著某種堅實的、不屈不從的、強而有力的意味——那是一股堅實而不屈的力量，它在任何一個人所處的獨特人類處境中，以種種形狀和格式出現。

另一方面，在我們個人處境的給定性之中，倘若我們還想活出誠實正直，我們每一個便都一定要想辦法保持一種我們自己踐行（agency）的感覺，即我們自己有本事去做事和做一個有能力行事及作抉擇的人。於此，人類理出箇中意義的能力，便開始起作用。我們必須運用自己的需要和能力，以製造有意義的詮釋：我們是誰、世界是甚麼，以及考慮到我們的處境，甚麼東西是最有意義的——這就是田立克所稱的我們的終極關注。

我每想到人類在某程度上需要和能從任何給定的處境中理出意義來，我就總是想起那虐打兒童者的孩子。不只一次，我曾有令人不快的機會去協助那曾受此苦的年輕人，嘗試從那發生在他或她身上的事中，理出意義來。一次又一次，我看著那個受虐孩子苦苦自責，以為可能，甚至肯定，他或她必然是應受虐打的，否則那事情便不會發生。人就是這樣，不管影響著我們生命的是怎樣堅實而不屈的力量，我們仍然堅持要保留一些踐行的意識、一些認為自己有分參與其中的意識。

因此，我們生命中的事件和力量必須透過語言而與意義連接。在人類的渴望和堅持背後所潛伏的是渾沌與荒謬的威脅，是我們作為人類踐行者的終極威脅。對博伊申來説，那個深感不安的人其難處就正在於這一點上。觀念和意義不能與經驗吻合。人必須試圖「從頭⋯⋯再建造」。

那麼，如果我嘗試將這個想法，與我們在伽達瑪關於融合理解視界的概念中探討改變時所冒出來的問題，聯繫起來，任何就人類的改變而作的分析其兩重性（two-sidedness），就會自我呈現出來。客觀地說，改變的這一面是由那具改變力的力量所帶來的，而那力量會塑造及衝擊人的命運的。把虐打兒童者的孩子安置到由慈愛的養父母所主持的寄養家庭中，可能會產生這種改變。而要達到這個程度的改變，助人者一方需要作出分析，以詮釋那些模塑處境的力量，而那處境正是孩子的經歷所被嵌在其中的。

於此，我想起佛洛伊德（Sigmund Freud）的發現和他所創立的心理分析傳統，它們所指向的事實是：不是所有決定人的存在處境的「力量」，都是在自體外面的。在自體裏面也有種種「力量」在充滿力量地互相影響，這為那人在某時某刻所處的處境，創建出某種給定性。佛洛伊德派的及新佛洛伊德派的理論，大部分都是為著描繪和詮釋這些力量而被發展的，它們還在不斷被發展中。

哲學家兼神學家利科（Paul Ricoeur）的詮釋學方案，試圖串聯存在主義、現象學和心理分析理論。他在研究佛洛伊德的巨著中談到，在佛洛伊德的所有工作裏面，我們都見到兩個層次的語言互相纏結在一起。[16] 一方面是力量的語言：經濟的、水力的、動力的隱喻，都是建基在一個前提之上，就是所有人類行為都是取決於不同力量的匯聚。另一方面是意義的語言，是詮釋那把人類的欲望和意願與文化聯繫起來的符號和象徵性行為的語言。利科在其對佛洛伊德的研究之中，謀求把兩個似乎相反的語言，在他稱之為「欲望的語義學」(semantics of desire)中聯合起來。[17] 利科指出，佛洛伊德認為，意識不是人生被給定的。它反而是一種任務——一個關乎後成的需要(epigenetic necessity)的任務：漸漸脫離嬰兒期和童年，成為一個成熟自主的成年人。然而，佛洛伊德認為，成年人仍然受到其童年和那段童年所包含的「給定事件」的影響，而其所留下的是一種無意識的殘餘。[18]

雖然以上簡略的概覽沒能恰當地對待利科那本既複雜而多層地詮釋佛洛伊德的巨著，但它也許足以提供一條處理難題的進路，而那難題就是在挪用伽達瑪對自體理解視界的改變所作的主體間理解時，我們所會遇到的。這個進路提出一個可能性：求助者在治療會面中尋求幫助時有意識地帶來的理解視界，同時包含了(借利科的用語)力量的語言和意義的語言。一段經驗過的人生所遺留下來的餘碎和沉積(它們帶著人存在處境的給定事件，以及由童年早期及後期經驗的無意識零碎所形成的給定事件)，會塑造出某種有力的期盼，這期盼為那人的理解視界提供某種「堅實」的輪廓。但是圖像、隱喻，以及神話或敘述的語言，都能夠為人對那個處境的理解視界，提供一種較柔軟、更具可塑的及可滲透的意識及前意識構想

(preconscious formulation)。這兩個層次的語言有著錯綜複雜的關聯，而助人者的任務就是要處理語言的這兩個層次。要重點記住的是，佛洛伊德認為，只有透過他所謂的「再現」(representation)，人才有可能以力的動態(force dynamics)，接觸更深層的無意識經驗。

另一位哲學家芬格萊特(Herbert Fingarette)曾認真研究心理分析傳統，他提出一個有關治療輔助員的工作的構想，這構想與利科研究佛洛伊德後所構思的稍有不同。他為該工作提出兩個可行的定義，而他則把重點放在第二個定義上。[19] 一個定義是把心理分析治療程序描繪成「對隱藏的實在的尋索」(the search for the hidden reality)。在這個構想之中，意識可與可見度(visibility)的質素相比擬。治療的工作在於打開「那遮掩隱祕往事之門」，或說是撕破「偽裝的現狀」的面紗。一個「隱藏的實在」必須被找出來，把其面具除去，讓其顯露。這些隱藏的實在被揭露，這迫使自體需要作出重組，以致帶來改變。

芬格萊特提出一個與「隱藏的實在」這看法截然不同的建議：治療輔助員為過去和現在提供一個新的詮釋，而不是與當事人一起尋找過去隱藏的實在。

> 具治療性的深入了解，不是要證明病者現在或從前是怎樣的人，而是改變他，讓他成為一個新的人。……深入了解的主要作用不是揭露那些不知道的往事，卻是幫助我們用一個新的方

> 式看已知的往事。「無意識過程」這片語並不是直接指一個存在於時間和空間的過程。深入了解一個無意識的希望，就好比突然看到雲端中有一條輪廓分明的「船」，而不是見到一隻模糊不清的「兔子」。另一方面，深入了解不是有如發現一隻躲在灌木叢中的動物。深入了解……是重組當下經驗的意義，是現在向未來和過去所作的重新定位。[20]

於此，我們便靠近博伊申的概念——受苦者的內心世界需要重組——也接近伽達瑪所提倡的理解視界之融合。利科那個關於語言的兩個層次的概念——力量和意義的語言——令內在主體實在（inner subjective reality）的語言和帶出改變的工作這兩方面的視象，都變得更豐富和更廣闊。

來到這一刻，我忍不住要加一段插話，就是關於我最近經歷的一個夢境的。（倘若讀者喜歡的話，他們可以視之為這個分外嚴肅而抽象的討論之中，一份使人捧腹的調劑！）那時正是神學院教職員退修會，該天晚會講員是其中一位神學家兼哲學家同事。他對利科的哲學認識比我精深廣博得多。他就利科那兩個語言的概念，在神學的考量上對人類受苦問題所牽涉到的一些影響，作了一篇引人入勝、卻叫我惶恐心慌的討論。那晚我睡在陌生的牀上，顯然是感到太熱而把輕薄的蓋被踢走，因而著涼。我發了個短暫而震撼的夢後便醒過來，感到又冷又驚。夢中我醒來並發覺自己赤裸裸的在一個還有其他人的房間裡，於是想拉起那跌到地上的被蓋，好能遮蓋自己。但是當我開始把被蓋拉上來圍著自己的時候，在毛氈另一邊的地下深處，發出一聲兇猛而極其不祥的咆哮，有一股強勁拉力不容我遮蓋自己。

醒來後當我臥在牀上弄清楚自己身在何方之際，我想到那個夢的詮釋；直到今天我寫出那個經驗之時，在我意識之中那個詮釋仍然站得住。「為著想暖和點、覺得安全點，我需要一條意義的毛氈來遮蓋我的赤裸和脆弱。那條毛氈為我的人生帶來連貫性和神話式意義。但發自我生命深處，那些曾經塑造我成為現在這個人、還會繼續塑造我的力量，總是不斷發出深沉強勁的咆哮。它們暴露了我赤身露體的景況。被蓋是那樣的單薄，而且總在我需要它的時候被人使勁的拉走。我被遺留下來，毫無保護、任人魚肉。」

我們每個人都是這樣子。在任何人類的相遇之中，不管那遇上的是形成我們宗教及文化基礎的文本，還是其他人，我們帶進這相遇中那像文本的生命的語言，都是一套兩面的語言。它是深層力量的語言；那力量既模塑了我們的人生，也賦予我們人生的輪廓和存在的獨特性。它又是我們用來為自己的經歷及經歷背後的力量，作有意義的詮釋之語言。後一種語言引用的那些圖像和符號、神話和隱喻，是由我們出身的社會文化環境所提供的。但是它另含某種轉折和變動，一種素質，它標誌著它是獨特的，是屬於我們的。

至此我已詳細闡述博伊申關於「生命猶如文本」的概念，而本書的主要論點是：博伊申基本上是做對了；他將人在靈性上受苦的關鍵，安置於經驗與觀念之間的連結之上，就是在事情的發生與為那些事件創造意義的語言之間的連結上。當那個連結遭到封鎖、被歪曲或者變成不可能的時候，困惑者便必須求助，尋找一個能為意義提供新的可能性的詮釋者。

經此分析，就不安的人（們）而言，在重新建構一個意義架構和語言之中，牧養輔導員作為詮釋者及嚮導者的身分，就添上一層濃厚的宗教（倘若不是神學）色彩。任何意義架構的核心，都存在著信仰和終極意義的問題。宗教一個由來已久的功能，就是把人生所有的一切綁在一起，成為某種終於變得有意義的單一視象。牧養輔導員所帶進那具詮釋作用的指導工作的，就是作為那個功能的主要代表之權威和職責。

正如上文已經提過，現代牧養輔導員在著手與不安者進行詮釋和重新詮釋的工作時，其所面臨的難處是，牧養輔導本身是駐紮在數個語言世界的疆界上。沒有一個語言世界，即使是宗教和神學的語言世界，足以單獨應付這任務。不同語言世界必須融匯貫通，但同時又容許各語言世界在運作中保持著自己的整全性。

語言世界可被視為歧義與意義之間的橋梁。它們把在其中一邊那神祕和未予詮釋的事物，與另一邊條理分明及可理解的事物，互相結連起來。因此我們可以說，從字詞的根本意義來看，所有語言世界都有一個宗教的或神話式的功能。它們把一些若非如此便會繼續是殘破不全、含糊不清的事物綁在一起。因此作為宗教輔導員的牧者，可以頗為合理地採用任何語言世界，只要它有助於為不安者詮釋及重建經驗與意義之間的聯繫。然而，牧養輔導所建基的那個核心的和基礎的語言世界，就是宗教與信仰的語言。而牧者必須轉向神學語言，才能令他或她所用的宗教及其他語言，變得精確而有結構，儘管在治療性相遇中所說的語言，本身可能屬於隱喻和符號、神話和故事的語言。

考慮到後面這一點，我們於下一章會轉向為人類處境所作一個神學的詮釋。該人類處境被構想為那像文本的生命的形成過程，它務求與那些塑造基督教故事及視象的文本和文獻保持連結。

3 朝聖之旅、道成肉身與自體的詮釋學

我在上一章做的，是為博伊申（Anton Boisen）的象徵性構想——臨牀牧養工作乃是「生命猶如文本」的研究——作一次詮釋學上的詳盡闡釋。我起初的目的是利用一些概念和圖像——它們圍繞著詮釋文本和其他人類手工藝品的難處而產生的——來把詮釋像文本的生命的任務，與較廣泛的詮釋學傳統關聯起來。一如所料，我們後來更清楚地見到，牧養輔導會談所遇到的詮釋難處，與詮釋學學者研究的詮釋難題，頗為類似。一些可行路向現已浮現出來，讓我們可作進一步探討，發掘一個有根有據的基礎，以供我們把牧養輔導視為詮釋的藝術及科學的延伸。

初遇詮釋學理論時，我就碰上一個現實：詮釋總是由某個立足點出發的。它只能在詮釋者的理解視界之內進行。正是在這一點，牧養輔導員其自我理解的聖經和神學基礎，就變得極為重要。牧養輔導員作出詮釋時所採取

的特殊視角，就是源於那個基礎。沒有那個基礎，牧養輔導很快就會失去使那用作詮釋的關係變成牧養關係的主要定位。

在基督教傳統裏，作為牧養輔導員的是個怎樣的人，不能單憑內省式的自我省思而被決定的。以狄爾泰（Wilhelm Dilthey）的用語來說，我們作為牧養輔導員的自我理解，需要一次「詮釋學上的繞道」（hermeneutical detour）——一次短途旅行，以反思歷史上那些塑造基督徒自我理解的神學圖像和符號。不只牧養輔導員本人在自我理解時要這樣做，同樣地在理解被輔導者時也必須這樣做。我們挪用自己所立足其中的歷史傳統，這構成一個理解視界；從這個理解視界，我們觀察自己和其他人。

任何以這種詮釋學上的繞道去作自我理解的嘗試，都無可避免地是對話的。基督教傳統的豐富和變化，提供象徵性圖像和歷史性主題的多元性，任君選擇。一個人的選擇難免受到自己的歷史處境所影響；其所處的時代影響巨大，而其自己人生獨特的起伏和實際目標則影響較微。那些當前引起那個詮釋繞道的問題，同樣也發揮一些具選擇性的能力，以決定由哪些神學和聖經主題成為構成的要素。因此，在我們把本書的任務駛離主道、轉進詮釋學上的繞道之前，我們最好先整理一下，早前在淺談博伊申及詮釋學理論後，所帶同而來的圖像和議題。我們亦要釐清，那些決定著牧養輔導員怎樣對待聖經及神學資料的處境因素。

在早前著作裏一個具形構成分的主題，當然就是特殊性的概念，包括像文本的生命的特殊性和詮釋者的特殊性。該特殊性主題已向我們呈現出，特殊性對道成肉身（incarnation）的意義的必要性；而我們是在聖經的一神學的傳統之中，尋找給道成肉身的意義作證明的。要進入另一個人的世界，我們需要進到那人的語言世界裏面，包括所有需要有的特殊性和微妙之處。但是我們同時又帶著一種被加深了的體會，領悟到牧養輔導員的特殊性，以及歷史的特殊性加諸他或她身上而產生的局限，這局限影響到他或她能否放下那個形成牧養輔導員的語言世界的獨特視角。由此，一個關於欲望與限制、可能性與視界的主題便自己呈現出來。那個主題擴展成為自我理解的主題，包括牧養輔導員的自我理解和求助者的自我理解，而所涉及的是力量的語言和意義的語言——一種切實的輪廓，以及一種較柔軟、更可塑的人類意義的可能性。然後，那個主題又轉而聚焦於人的欲望和有關改變的問題，它的可能性和局限，以及它發生所須要有的條件。

至於神在人的改變過程之中的參與，這個問題到目前為止在詮釋學研究裏，只能見到朦朧的輪廓，因為我是從人的角度看這問題，而不是從神的角度去看。然而，關於聖靈活動的圖像，我們的確可清楚見到的是那想從神學角度探討這個問題的渴求。

我在這裏所用的「詮釋學上的繞道」一詞，是取自狄爾泰的。這詞在讀者的意識中或會引起點點不安，就像在我的意識中那樣。倘若把「詮釋學上的繞道」的意思當作是：任何進入神學的短途旅行，都好像在高速公路上繞道而行一般，阻礙了或不必要地離開了那直接和迅速地到達牧養輔導的主要工作的路程；那麼，我們就寧可選用另外一些比喻說法好了。這種對繞道的看法，很快就會讓那想在實際工作上取得進展的人，理所當然地認為沒有繞道也行。然而，狄爾泰原意是，繞道的圖像應被視為一次頗為需要的附帶短途旅程，以致人能正確地探明其本人的自我理解。借用伽達瑪（Hans-Georg Gadamer）所提出的用語，牧養輔導員帶進輔導處境之中的**前理解**（pre-understanding），是需要自覺地被塑造的；那被塑造的辦法是與我們的傳統作認真的對話，而該傳統就是我們渴想自己的自我理解所植根之處。按此來看，「繞道」變成是必然的事，倘若牧養輔導員的前理解是要真正做到牧養的話。沒有這個繞道，輔導關係中的對話前路就會——用比喻方式來說——充滿盲點和陷阱。繞道不是障礙，而是個必須的促進，以使人達到更深入的自我理解，以及與他人作具自我覺察的對話。

事實上，那把繞道看成為一次附帶短途旅程或偏離直接路線的行程的圖像，在牧養輔導員以其身分來著手做神學工作的方式上，就顯得並無言過其實。牧養輔導員主要做的並不是神學反省。我們所做的，用職事（ministry）來形容就較貼切。職事的意思就是指——韋思（Carroll Wise）已經說得很清楚——牧養輔導員所關心的是「針對那人的需要而向他傳遞福音的內在意義」。[1] 牧養輔導是一種在福音亮光中所接受的關係，而不單是宣講福音，或者反思一些有關福音的經文或其他陳述。因此，在牧養輔導員而言，對基督教傳統的客體化（objectifications）——如在神學中所見的——作出反思，這是一個必須的「後退」或「側向」行動，以致人能辨明自己的定位，從而使自己能夠更有效地實現其主要目的。

由於我是個牧養輔導員，所以我處理聖經原文紀錄及——而就此而言——所有其他猶太基督教傳統（Judeo-Christian tradition）的原文敍述的取態，是有別於，譬如說，聖經學者或系統神學家所持的態度。身為牧養輔導員，我在探討聖經文本時，不會像準備講章那樣，志在孕育出一套圓滿、豐富而歷史性地正確的釋經。我在探討歷史的或當代的神學文本時，也不會像系統神學家那樣，把目的放在構想一套完備而經過仔細辯解的神學系統。反而，我在探討這些傳統文本時，其目的是要找出那些有助形成我作牧養輔導員的職事的圖像和主題、象徵性比喻和規範根據。我特別留意驚鴻一瞥的比擬、故事和圖像；當我詮釋自己作為牧養輔導員的處境時，它們或許會為我所做的或應做的事，指點出路，或顯示可行辦法。我也注意一些主題和圖像，它們能夠向我顯明，傳統對於人類景況、人類怪癖和愚行之類別，以至人類的欲望和潛在可能性，都有豐富的理解。而且我不斷尋找線索，以讓我明白在神與我、神與被我輔導的那位不安者的關係裏面神的本性和目的。

詹姆斯和伊芙蓮・懷德海(James D. and Evelyn E. Whitehead)曾經很有建設性地把在神學反思中探討聖經和其他傳統歷史文本的這種態度，形容為「範式」(paradigms)的尋找——「範式」即是那些模範和圖像，是能夠就有關牧養議題而「告知、感化和啟迪」牧職人員的。[2] 懷德海伉儷二人在討論那些範式概念時，曾引用古斯塔夫森(James M. Gustafson)一段頗長的言論；那言論形容得十分透徹，值得在此複述一遍：

> 範式是人生視象和人生實踐的基本模式，從中溢出某些始終一貫的態度、展望(或若「旁觀」)、規矩或行為準則，以及具體行動。……當社羣成員漸漸在他們自己處境下成為那樣的人之時，範式反而對社羣及其成員的生活起到**內**滲(*in*-forms)和**內**感(*in*-fluences)作用。用**內**滲一詞，我是想人聯想到生命的形成。用**內**感一詞，我是想人聯想到一種進入社羣及其成員的生命的流動。範式留有空間，讓社羣及其成員使這範式為己所用，帶進那已存的生活的結構組織之中；而那結構組織乃是因應歷史環境、因應人和社羣既有的特殊才智及本領的種種局限和延伸所決定的。[3]

在這段引文中，古斯塔夫森提出了一個有用的觀點：聖經和神學範式必須成為人的生活的內因性（endogenous）——倘若這些範式要塑造一種生活的願景和習慣，即一種在態度、展望、行為中實踐出來的自體理解。這些範式塑造人的生命，並在生命中流動及流通，以致使人自體的結構組織都由這些範式概念，與另外那些較歷史性的、環境性的及個人的、卻塑造人生命的特殊因素，交織而成。因此，雖然範式圖像的根源在自體以外、在人自己的傳統的先例之中，但它們如今卻又存在自體之內；而且其存在的方式，使它們與人自己是個怎樣的人，以及自體對世界的展望或「旁觀」（onlook），變得難分難解。

只要這個內流及交織的過程已經產生，人在自我反思之中，在反思世上種種關係及人作為世上一分子的言行舉止之中，都會用到範式圖像，這毋須人挖空心思或被逼去使用。當人經歷和表達其自我理解及對世界的理解時，它們就會自然流露出來。

正是在這個層面，神學和聖經的圖像、主題、象徵符號，都必須在牧養輔導員的自我理解和自我表達中，大大發揮作用。從事神學反思和跨科際關聯那較正規的智性工作，固然是重要和必須的。然而，牧養輔導職事被視為向人傳遞福音內在意義的工作，它首先是從那已被信仰的範式圖像**內**滲和**內**感的內在意義層面流露出來的。

當我反思自己作為牧養輔導員的生命時，我心中所想到的圖像便是一套鬆散但輪廓分明的連鎖連結。在一個連結上，那些有關我自己的人生意義和朝聖之旅

（pilgrimage）的議題，以及我與自己就那些議題所不斷進行的對話，都聚集在一起。在另一個連結上，我作為牧養輔導員在工作上的爭議、問題、困境，我在那職事的處境中所遇到那大量的難處，都聚集在一起。又在另外一個連結上，大堆圖像和主題或範式，都聚集在一起；在我就基督教傳統中聖經的和神學的文本作深入的探索反思時，它們對我而言已經一直是至關重要的。這三組連結似乎一直在我的意識之中，不斷地彼此對話。偶爾的夢境或隨意的聯想會告訴我，那種對話也在我個人無意識層面的深層中進行。因此，隨著時間過去，我在此稱為連結組羣之間的對話，一般而言，並對我作為牧養輔導員而言，都已**內**滲和**內**感了我的自我理解。

如果把我嘗試描繪的內在對話過程以圖式表述，或許會有幫助：

圖一

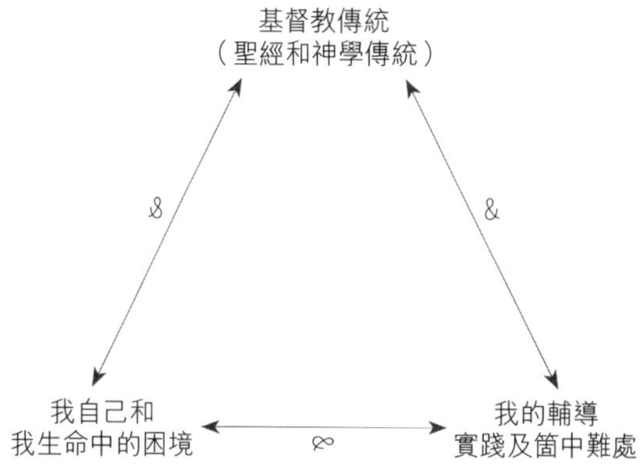

這幅圖顯示出幾件事，它們可以讓人更清楚理解我所說的內在對話是怎樣進行的。它道出那三組活動範圍之間所存在的張力和分離。每組各有自己的某種分離和整全性。因此，基督教傳統的這一組，在某種意義上，對照著或「有別於」我自己和我生命中的困境，以及對照著或「有別於」我的輔導職事。雖然它的某些圖像和主題已經成為我自己和我的輔導職事的內因性，但是它拒絕被瓦解為其他兩組中的任何一組。其他兩組亦如是。我的自我理解，以及我對自己作為牧養輔導員的理解，不可以彼此被瓦解或被包含著，也不可以各自被瓦解為傳統。

圖中三角形三邊的反饋環道（&），表明一個持續不斷的過程：發問和修正，提煉與整合。因此該圖提示一個既動態的，也不斷流動的過程。朝聖這個圖像似乎捕捉了該圖所指向的意思；這圖像固然是深深植根於聖經傳統之中，但是它對我作為自體及作為牧養輔導員的生命來說，也頗為貼切。

把朝聖之旅的圖像用在圖一的方案上，這表示，牧養輔導員所作的「神學上的繞道」（theological detour），可能而且的確在以一種無系統的或經過處理的方式來進行，而不是以一種具分析性的方法來進行。當然，這並不是說，牧養輔導員不會時常以一種謹慎的、具分析性的方式，來探討神學或聖經詮釋。這也不是想要削減這種具分析性的工夫的重要性。但那一類形式的神學反思和分析，對牧養輔導員來說只屬次要的幫助。對於牧養輔導員的生命，那較為基本的和具塑造性的，是往往比較不拘形式的東西，甚至是會讓外人覺得是任意而行的東西。

敏感的牧養輔導員，在追求自我理解和方向之中，會謹慎處理自己反思聖經和神學核心素材的過程；而他們會很快就留意到一種語言和情緒上的轉移，從輔導處境那個比較務實的、解決問題的語言中轉移出來。牧養處境那種此時此地的境況，造就了一種語境，讓記敍式語言和合理的假設性概念能在其中實事求是地起到作用。神學反思要求我們，在某些頗為不同的方面，轉移到另一個語言和想像的層面。在神學反思之中，那釐定個人意識環境的，是某種奧祕和隨之而生的敬畏和驚歎的感覺——在一切事件、年月間的變化過程、人與現實結構之間的關係之中，而且透過這一切，因見到神那不可言喻的臨在而產生的感受。

當二十世紀偉大的猶太神學家赫曹（Abraham Heschel）為虔誠人的敬畏下定義，說那是「與一切實在的奧祕融洽相處的方式」之時，[4] 他指出了在體認（awareness）的環境中有這一個轉移。

> 敬畏的意思是認識到，生命是在一些廣闊的範圍之下發生的；那些視界連綿不絕，超越人的一生，甚或是一國、一代、一個時代的期限。敬畏讓我們能夠察覺到塵世中有關神的提示，在細微的事中感覺到有個無限重要的開端，在普通及單純的事物之中感受到有一個終極；在

行色匆匆之中感受到永恒的平靜。[5]

當人進到這個層面去反思宗教經驗——自己的經驗和宗教傳統偉人的經驗——我們就體會到，無論使用甚麼語言都有所不足，它都不能將那個試圖引荐給自己意識的，盡顯出來。所引荐的，對人的頭腦而言，最終是不可言喻的。在談論時，我們也只能用隱喻、神話、象徵的語言，而不是科學或常識那種硬邦邦、説明式的語言。「我們説不可言喻，其意思是指，實在的那一方面在本質上已超過我們所能明白的範圍，並且我們在頭腦上已承認，那是超出思考能力的範圍。」[6]

因此，在神學上的詮釋繞道，我們來到了第一個不解自明的認知：牧養輔導員必須盡力帶進輔導會談的理解視界之中的，就是意識到一個視界那不可言喻的奧祕，那奧祕既是終極的（是我們的認知所不能及的），又是使人敬畏地臨在（具體的），並透過所有我們和被輔導者都參與的事件和過程而臨在的。

我們從聖經和神學傳統取得大量不同的圖像、符號和敍事主調，它們給我們提供一套語言，讓我們可以用之來作出反思；有時我們還可以在這個具意義的理解層面上用這語言來説話。於此，我們不是完全單靠自己，而是從我們的宗教羣體及其傳統的深處汲取所需。那個傳統的整全性賦予我們視角的整全性，使我們的視角具體化和獲得一個受控的範圍。牧養輔導員的輔導藝術，要被基督教信仰的終極視角所告知和感化，那是發生在不斷對傳統的多樣素材的反思之中，並同時發生在對牧養輔導處境所遇到的問題和爭議的反思之中。

牧養輔導員在輔導實踐中挪用聖經的—神學的圖像的特殊性，一如我已經表明的，對於那些吸引個人注意力的、持續不斷的議題，將會是高度獨特的和相對的。我本人的朝聖之旅影響了我，使我把注意力集中於神參與在人類朝聖之旅中的實在和本性的問題；那原因在第一章已經提過。於此，我發覺自己與諸位聖經作者有一種深層次的認同。

你們究竟將誰比神，
　　用甚麼形像與神比較呢？
……
〔他〕並不疲乏，也不困倦；
　　他的智慧無法測度。

（賽四十 18、28）

主——耶和華啊，你是我所盼望的；
　　從我年幼，你是我所倚靠的。
我從出母胎被你扶持；
　　使我出母腹的是你。

（詩七十一 5～6）

> 我們與聖經的子民有甚麼相通的地方呢？生活的焦慮和喜樂；驚訝感覺和對這感覺的抗拒；對隱藏的神的覺悟，以及對能找到他的那些時刻的渴望。
>
> 赫曹（Abraham Heschel）

在我早前出版的《現代生活的危機經驗》（*Crisis Experience in Modern Life*）一書裏，那些因牧養一些歷盡日常生活危機的人而引發的重大神學問題，迫使我把自己的牧者身分，建基於道成肉身的神學圖像——神為人而不斷活動——以及盼望未來神國的圖像。[7] 根據潘寧博（Wolfhart Pannenberg；編按：或譯潘能伯格）的說法，神護佑的看顧被視為：「那說服我們的未來能力（power of future），是可信的。」[8] 人生，總是活在當下的張力之中，夾在過去和未來之間；這人生最好是朝著未來能力開放地活著。那種生活，需要一種不斷轉化的過程，讓舊有的意義和關係架構既得以延續，也讓那敞開的未來闖入當下以把它轉化形成（*trans*-formed）。人生作為朝聖之旅的這個圖像又再湧現，成為一個屬神的人生那具組織功能的圖像。在最終極的意思裏，意義就是那被神的能力轉化了的意義；意義的所有人類結構都被破開，使那些結構變得臨時而短暫的。

在我的牧養輔導職事之中，我自己和被輔導者每每傾向陷入往昔生活模式的困境，因而飽受煎熬；在那種情況之下，「神的護佑能力是一種力量，吸引我們離開過去，並把我們的生命轉向未來」這個圖像對我來說，都一直是個強而有力的圖像。這個圖像燃點起某程度上的希望：改變是可能的，即使所有眼見的實質證據都表明那是不可能的。

我在這一章的目的，不是要處理牧養輔導員與聖經和神學傳統對話時所帶進去的一切問題和議題，或者處理在進入那種對話時所遇見的大堆林林總總的議題。相反地，我在此建議，我們應返回上一章我們所遇到過的關於改變的問題。如果我們作神學上的繞道時，以這個問題作考慮，這對我們會有甚麼幫助？力量的語言和意義的語言——我跟隨利科（Paul Ricoeur）而作的稱謂——兩者之間那不明確的張力，對改變會有甚麼影響？我以前在神學和牧養工作裏所帶出的未來之神，是否已迎頭栽進那塑造人類自身身分的力量那切實的輪廓之中？基督教傳統裏的神學立場，對於含混性、關於改變那難以處理的問題，有甚麼話可說？

我的首位神學師父田立克（Paul Tillich；編按：或譯蒂利希），他從自己所構想的基督徒存在方式出發去處理這個問題。人生那切實的、不變的輪廓，對田立克而言，就是有限者那存在的實在。人的一切事物都帶著一種基本的含混性，這只因我們是有限的受造物。自體整合——自身內在合一的可能性，以至趨向合一的改變——都受我們有限的本性所限制。受造生命的目的，乃是實現那個生命的潛能。但是沒有人能夠在一生中實現自己的一切潛能。自體的身分是具關係性的（relational）；它需要把「所相遇到的世界的內容」納入自體之內。拒絕容許外來的新內容進入以自體為中心的自體，那自體就成為一個空洞的自體。但是太過輕易地敞開自體以迎接改變，這就要冒導致自體身分混亂之險。「而那基本問題是：由於我是人，也由於我是這個獨特的人，那些已經賦予我的潛能，有多少是我**可以**實現而不會因此失去認真地實現任何東西的能力的？並且，我**必須**實現多少潛能，才可以避免人生變得殘缺不全的那種景況？」[9]

田立克對這個問題在神學上的「解決方法」，停留在他對「聖靈臨在」（Spiritual Presence）的理解之中，雖然他承認那是個局部的及不全面的解決方法，仍須受有限生命的規範所局限。「在聖靈臨在所生效的地方，生命就有轉向；那方向不只是多個方向之中的一個，而是在所有方向裏面那指向終極的方向。這個方向並沒有取替其他方向，卻是在它們之中出現，作為它們最終的結局，並因此成為在它們之間作抉擇的準則。」[10] 人的自體身分是透過聖靈臨在的能力而被改變的；它為一個先前是分裂及破碎的生命，帶來嶄新及多面的合一。[11] 雖然生命仍未完全的被更新轉化，就像這宇宙仍未完全被更新轉化一樣，「聖靈其實是在其範圍內進行更新轉化的。人是新造的存有的『初熟果子』；宇宙將會隨著他們而被更新轉化」。[12]

讓我們現在踏出試驗性的一步，嘗試把田立克的語言和利科詮釋佛洛伊德（Sigmund Freud）學說的語言，作粗略和有用的整合。儘管他們的目的各異，但是有關力量的確實語言（hard language；如利科使用那概念時所用的），與有關有限性及其局限的語言（如田立克所構想的），兩者之間有一種粗略的對應。人類在歷史上的有限性那強而有力的局限，提供了我們在第二章所稱我們人生那確實的、不易改變的輪廓。而且，田立克對於聖靈臨在的能力那神學性的理解，道出一個層次：在那個力量之下，改變成為可能。我們還可以為利科那關於意義的語言，與田立克那關於人心靈層面實質改變的語言之間，再加一個粗略對應嗎？

> 生命的多層面統合是指：聖靈臨在對人的靈（spirit）的衝擊，**同時間**也是對**心靈**（psyche）、細胞和物質元素——它們是構成人的東西——的衝擊。而雖然「衝擊」一詞無可避免地用上因果關係的圖像，但它不是一種在絕對意義上的因，而是一種臨在，參與在衝擊的客體裏的。就好像神在各方面的創造力一樣，它超越了因果關係的類別，儘管人類語言必須以象徵方式運用因果關係。[13]

於此，田立克承認聖靈臨在的奧妙，並承認我們在談到聖靈臨在時，除了用衝擊、因由或力量那不充分表達其意思的言語外，我們就啞口無言。它衝擊著物質元素，或許，我們會說，它衝擊著我們人生確實的輪廓；但是它的衝擊是一種「參與」在那些確實的輪廓裏的衝擊，從而給那些輪廓帶來一種新的合一和方向。這就好比我們生命的力量維持不變，不過卻因為聖靈臨在那統合的能力而獲得一種新的流動和方向。田立克就是這樣推動我們走向一種新的綜合，把我們從第二章的詮釋工作所帶來那力量—意義語言(force-meaning language)的二分法，綜合起來。

當代德國神學家莫特曼(Jürgen Moltmann)，其神學把對聖經語言(有關神在創造及歷史之中的行動)之文本權威的認真關注，與對人類解放的關注，結合起來。他向我們提供一套頗為不同的範式圖像，以考量人類改變的問題。然而，他的目的卻與田立克的不謀而合。他也承認，對於神在人類改變過程中的行動，人所持的任何理解，都有神祕和不明確的地方。

對莫特曼來說，人生的歷史與三一神的歷史緊密地纏結在一起。那界定人類處境的可能性和界限的，是我們人類所處的位置的界限：那界限處於神自己內在生命的歷史之內，在創造和神國實現之間。「把世界從其矛盾之中釋放出來，這並不亞於神從自己世界的矛盾之中釋放自己。」[14] 故此，人類的朝聖之旅，是發生於神在自己三一歷史裏的旅程之中。根據莫特曼的理解，聖經紀錄是「三一神團契關係的歷史見證，而那團契關係既是對男女敞開，也對世界敞開。這種三一的詮釋學(trinitarian hermeneutics)，引導我們從關係和羣體方面去思想；它這樣就替代了主體性的思想方法——那不能不把其思想客體分開及獨立處理」。[15] 因此，莫特曼嘗試構思一種思想方式，「從生態意義上〔思想〕神、人、世界之間的關係和內住(indwellings)」。[16] 一個在神裏面和在創造之中的關係——包括了人類關係——其歷史的圖像，替代了那個把自體視為在一套客體力量裏的主體之圖像。

在莫特曼的論述中，朝聖之旅作為範式的聖經圖像，變成是一種集體的、關係性的圖像；這圖像牽涉到神在自己裏面的關係，同樣也牽涉到受造物與人在創造之中的參與。一切都是在朝聖之旅中，都是在互相影響的運動之中。在那個主要的、談到所有事物——包括神在內——的朝聖之旅的圖像之內，有一個更進一步的、有組織性的圖像，那就是關於受苦的圖像。神的歷史就是祂的愛和受苦的歷史。因此，受苦替代了能力和全能，而成為神的主要特性。那個受苦圖像在十字架事件之中顯得最清晰明確；在那事件中，神以兩個形式受苦：神子耶穌受被離棄之苦，而父神在作出離棄之舉中受苦。[17] 然而受苦的圖像要完滿更大的角色，而不止於十字架的意義；它成為一個圖像，以顯示出神與其受造物——以至與一切有關人類的事物——那不間斷的同在和關係。凡有人受苦的地方，耶穌——那位聖道——都要被尋見。所有受苦的人，所有渴望從歷史力量的捆綁中得贖的人，都得到耶穌的認同。同樣地，萬物在神裏面和在神的創造裏面仍未能達到最終的合一之前，凡有受苦的地方，聖靈都能被找得到。「神的靈使不可能的變為可能；祂在無甚麼可愛之處，創造出愛；祂在無甚麼可盼望之處，創造出盼望。……神的聖靈，以新的未來的創造主的身分，並以短暫事物——對這個未來而言——之新創造者的身分，在歷史中作工。」[18]

在莫特曼的三一神學之中，人類的存在是弔詭的，因為它已經捲入神與其創造的關係那三一歷史裏面。它既「同時」牽涉到我們能具體所經驗到的歷史（empirical existence of history），又涉及一個因十字架的拯救事件而成為當下的神國之終末實在（eschatological reality）。[19] 所以，人的身分是弔詭的。它牽涉到我們作為個人、並作為受造物中一套互動的羣體關係之成員，在歷史過程之中的人類內嵌性（human embeddedness）。對莫特曼而言，個人身分就是關係性的身分，而不只是一個分離的、獨立主體自我的身分。所以，我們歷史性的和終末性的身分，都被捲進一個在生態意義上的集體過程中，並參與在其中。

當我們挪用自體弔詭身分的範式圖像為主導的神學圖像，以考量牧養輔導中關於改變的問題時，這圖像顯然在幾方面起了良好的作用。像利科那力量的語言和田立克關於有限性之局限的語言一樣，它為人對得著改變的希望，提供一種抑制；人會希望那種改變會抹掉我們與過去、與生活環境的一切聯繫，以致我們失去連續性，而自體也變得不能識別的。每段人生都被埋置在一個個人的和集體的歷史之中，這賦予那段人生一種獨特的結構和連續性。有時人會感到這種歷史內嵌性是個難以處理的問題，很想從其中跳出來，或者被拯救出來。但是這同樣的內嵌性，卻給每段個別的人生，以及其與創造的整個生態環境的種種結聯，賦予一種明確性和特殊性。

對莫特曼來說，那弔詭身分的另一面是，個人仍可能參與那在神國將臨的實在下的生活，儘管那是零碎的和短暫的參與。「我們已經可以在『舊時代』的環境中，憑藉『新時代』的亮光而活。」[20] 活在終末身分的力量下的人生，都已是在意義和方向上被轉化了的人生；因為那個人生如參與者般體驗了那使一切都變成新的將臨國度的能力。因此，對過去生活的記憶，與對將來生活的期盼，在一種辯證的張力(dialectical tension)之中連接起來。莫特曼稱這種生活為「彌賽亞式的」(messianic)生活。「正如彌賽亞式的時代處於『未濟』(not-yet)的標記之下，因此它〔那生活〕也處於『不再存在』(no longer)的標記之下，因而是在『既濟』(already)的標記之下。」[21]

活在弔詭身分那兩面的力量之下，既是受苦的生活，也是帶著希望的期盼生活。「我們知道，一切受造之物一同歎息，勞苦，直到如今。不但如此，就是我們這有聖靈初結果子的，也是自己心裏歎息，等候得著兒子的名分，乃是我們的身體得贖。我們得救是在乎盼望；只是所見的盼望不是盼望，誰還盼望他所見的呢？」(羅八22、23、24)

那些接受牧養輔導的人通常都意識到，他們的痛苦是來自他們在其歷史中的內嵌性。他們對自己受苦歷史的理解，很多時都是模糊不清的，而且這還會是使他們痛苦的原因之一。很多時他們來，是想在無痛苦的新生中，找到脱離自己內嵌性的自由。很多時在輔導對談之中，他們對自己痛苦根源的意識，會變得更敏鋭、更清晰。但很多時他們也很失望，因為他們發覺，輔導關係並沒有滿足他們的要求，除去他們的痛苦。反之，它只能做到，讓他們用新的方法，以掌握那些在他們痛苦中被紮在一起的人生議題。他們因人生中那似乎難以對付的環境而產生挫敗之痛，這痛會被那因改變的種種可能性和局限而產生的挫敗之痛所取代。

人類弔詭身分的神學範式圖像，使人想到一個方法，以用來考量那尋求輔導的困苦者的困境的，那就是把他或她視為已經與我們人類終末身分的意義無關。盼望與期望的詮釋可以流失，也可以被那從個人歷史冒出來的自體和關係的圖像，弄得暗淡不明。在稍後一章裏面，我們會探討一個概念：關於自體和世界的神話在個人成長期間浮現出來。這些神話式圖像和主題，很多時都不包括、或只是模糊地包括一種對自體的理解，一種把自體視為擁有我們在此——跟隨莫特曼的説法——稱為終末身分的理解。於此，牧養輔導的一個目的出現眼前：幫助人重新意識到自己在神的歷史裏面的終末身分，而那個身分既與神的創造相連，也期待著神國降臨。這個框架裏面的改變，所包含的是那種對自體的神話式圖像的改動，使到那處於自己歷史之中的自體，和參與終末未來的自體兩者之間的辯證式的張力，得以在個人的自體理解之中恢復，或者更明顯地起到作用。又一次，用莫特曼的想法來說，正如田立克的想法一樣，我們被推向一個在神學上新的聯合：力量的語言和意義的語言的聯合。

從神學的觀點而言，人的改變問題在歷史上都已被視為是人的自由問題的一方面。在牧養輔導中，因被輔導者對自己的歷史及存在處境得出了新鮮的洞悉，而他或她如今面對的是渴望在行為和更改了的關係上必須把洞悉實行出來，這時，自由的問題就會具體可見。自由往往看起來是有限的，而重複舊模式的衝動卻是非常強烈的。在這種處境裏，從神學上而言，得著自由究竟是甚麼意思？在莫特曼的三一詮釋裏，這個問題被接連到一個問題：在將臨神國的大能中的信心。在前所述的處境中得自由，就是憑盼望而行。莫特曼稱這種自由為一種在聖靈能力裏、為未來而持守的熱情。「在聖靈裏，我們朝著神的未來而超越當下，因為聖靈是『擔保』或『榮耀的保證』。」[22] 換句話說，從神學而言，改變的自由端在乎人怎樣應用自體在聖靈的大能裏的終末身分。

我們必須記得的是，對於那冒險遵照終末身分的盼望而行的人，如先前所提關於自由的風險一般，弔詭身分那弔詭的、「同時間」的特性仍是真實的。因此，運用自由就變成是一種企劃（project），或者是與一個企劃的關係，而不是一種存在狀態（人在其中可以無拘無束地自由活動）。[23] 所以，自由包含了人把自己的未來付託於神的三一歷史裏面。

像田立克一樣，莫特曼認為自體裏面的改變，包含了聖靈的工作。聖靈被看為「一種能量或能力，而其主體是神或基督」。[24] 聖靈的臨在可在所有的過程和經驗之中被找到；終末和歷史就在這些過程及經驗裏，並且透過它們，得以調解。[25] 牧養輔導員在工作上作為一位熟悉那個尋求帶出改變的範式圖像的人，他會把最終的信心放在聖靈的大能和工作裏，而不是放在他或她所能夠發揮的任何個人影響之上。人應盡一切所能的，以創造出一種關係，讓那個可能性可以在其中展開。藉著聖靈的大能，具中介性的改變（mediating change）便會發生。但是，改變不應是、事實上亦不可以是，憑輔導員一己之力而被強逼出來或者得以最終完成的。我們作為牧養輔導員的，不用再負那個擔子了。

牧養輔導員素來都承認，道成肉身這聖經的神學性象徵，是個具塑造性的圖像，並把這象徵作範式上的使用，以賦予牧養輔導員與求助者之間所建立的關係目標和定義。[26] 於此，神在耶穌裏道成了肉身的這個類比，就成為恩典與接納那具主導性的範式圖像，是輔導關係所需要體現的。因此這為牧養輔導員的意向性，提供了一個具組織架構的圖像。作為基督身體的成員和代表，牧養輔導員致力要把那種能夠實現道成肉身式類比的關係素質，具體表現出來。

我們剛把在神學詮釋上的繞道，帶進到田立克和莫特曼所構思的、傳統對聖靈工作的神話式理解裏，這顯示出道成肉身式圖像一個重要的延伸和修正。我們在這裏不再只是用到一個主導的類比。相反地，輔導關係本身就被視為受聖靈的大能所支配，而聖靈的大能正在歷史與終末之間做著居中的工作。輔導員不會、事實上亦不能藉著具意向性的行動，來體現聖靈。輔導關係反而是被聖靈臨在所支配；任何朝著重新挪用終末身分的舉動，任何嘗到神國新實在的零碎經驗，最終都取決於聖靈臨在。

牧養輔導關係被視為被聖靈大能支配的關係，它被釋放而成為其所是：在人與人之間，或者眾人之中，一種為人生尋求新的理解和方向的關係。這關係的發展帶著盼望和期待：在尋找新方向中，尋找的人會有聖靈同行，而聖靈則在其中發揮著神那具中介性的大能。

在寫這幾段文字時，我看出那可能會引起混亂的混合物存在，就是那用來描述的、「以經驗為依據的」語言，以及那高度象徵性的語言；後者指出神在人的事件上作工那不可言喻的奧祕。試圖從神學角度來描述牧養輔導關係，或那個關係所尋求的改變過程，這就不得不冒著混淆語言層次之風險。在稍後的篇章裏，我會發展一套切合牧養輔導的語言層次的類型學（typology），以期整理那可能發生的混亂。在這一刻，我們所能做的就只是再次承認，那種神學角度的「描述」，只可以在一種神話式語言的範圍以內進行，而那語言所指向的是那最終都是不可言喻和神祕的，儘管也是極具揭示能力的東西。

從神學角度來看，這些從反思冒出的、在牧養輔導的方法論上的難題，可被視為包括促成（facilitation）與認知（recognition）的藝術。促成是牽涉到輔導員用自己的努力，以促使那尋求輔導的人在其人生旅程之中，挪用那弔詭的身分。這包括一個問題：輔導員從人性的、職事的這一邊，最好説些甚麼或做些甚麼，或在自己身上具體地表現些甚麼，以能開出一條道路，讓聖靈做中介的工作。用詮釋學的語言來説，那問題可以被視為關於與另一個人建立關係的，而對埋藏在歷史裏的自體之詮釋，可以被轉化成另一種詮釋，而那個詮釋挪用一個好信息：神為了那人之緣故，藉著聖靈的大能而參與他或她的人生之中。

牧養輔導作為促成的工作，包含了輔導員與人身分那弔詭的兩面所建立的關係。那肯定的是，歷史身分必須得到應有的注意，這包括其獨特的、個人的方面，也包括社羣、處境方面。事實上，近年所謂牧養輔導的治療的重點，大部分都是指向這項工作的。但是同樣重要的是牧養輔導的促成工作，即關於開放一條道路，以有意義地挪用或重新挪用人的終末身分——自體在神於受造物中活動的三一歷史裏的身分。至於那促成的工作怎樣進行，這則須在稍後的篇章裏作進一步討論。在這裏我只是指出牧養輔導工作那弔詭的、兩面的性質，它對應於在基督教願景中人的身分那具兩面的弔詭。

牧養輔導作為認知藝術的表達，它其中一個主要重點，就是使輔導員和被輔導者能敏銳地認出聖靈臨在和作工的那些時刻——在關係與經驗之中，在事件與象徵性聯繫之中。照田立克的說法，聖靈臨在並沒有被視為一個「因由」或「力量」，是與那些在輔導關係裏、在參與者的生活體驗中的其他動態力量並列的。相反地，聖靈可被視為在那些力量和互動之中的參與者，賦予它們一個新的方向，從而開啟一個更接近自由、更有盼望的未來。[27]

莫特曼那關於人的弔詭身分的概念是有用的，它還可在另一方面用作牧養輔導一個具組織性的圖像；不過這也在業界中惹起了一些爭論。正如前文所述，根據莫特曼的想法，弔詭身分的兩面要用集體的、生態的詞彙來理解。自體的歷史與所有受造物的歷史不可避免地連結在一起。因此，歷史身分的形成，並不單只是一個個人的、私有的、主體的過程。這個說法，不但對於那塑造歷史身分的歷史性和關係性力量而言，是正確的；對於在自體的歷史中這些力量所附帶那具詮釋作用的意義來說，也是正確的。自體內嵌於意義世界之中，並在其中產生互動和人際關係，而意義就從這些互動和人際關係中產生出來。同樣地，自體的那一面，就是莫特曼所稱為終末身分的，是個集體的、屬生態的、關係性的身分。要以將臨神國的終末身分自居，並參與在這身分之中，這取決於一個集體的、生態過程，這過程所牽涉到的不單是其他人，還牽涉到在神裏面的那些關係的生態。

然而，在莫特曼的概念裏面，個人有著一種特殊性和獨特性。歷史身分與終末身分都具有一種特別的、前無古人後無來者的素質。因此，所出現的是似乎是另一種弔詭——在關係的生態中那特殊性的弔詭。人自體身分被隱藏在層層的聯繫中，包括歷史的和終末的聯繫，而那個身分同時也是一個獨特的自體企劃，藉著自體的詮釋及回應過程，而得到其形狀和意義。

目前在牧養關顧與輔導學術範疇裏有眾多的爭論，其中一個是關於牧者在其關顧功能中，應該首先著重在共同信仰和生活羣體當中促成一種關顧風氣或精神，還是應該首先在一對一的基礎上與那在生活上有特殊困難的人建立關係。牧養職事主要關注的，是人類憂苦的生態或特殊性嗎？當然，這個爭論只是一個更大的張力之一方面；那個張力在整個西方社會已被顯露出來，在理論層面如是，在實踐層面亦然。那爭論是心理分析心理學與系統心理學之爭的根本。它伏於一種張力之下：一方面是社會與政治的倫理學，另一方面則是一個品格與責任的倫理。存在主義的神學立場與政治—自由主義的神學立場之間的張力，也同樣含有這個視角上的爭論。

要為這些雙重弔詭的圖像，即歷史—終末身分（historical-eschatological identity）與特殊性—生態（particularity-ecology）的圖像，或個人—隱私（individual-private）與集體—文化（corporate-cultural）的圖像，建立一個神學立場，我會嘗試在這數頁裏，築起一道具試驗性的、但也許是脆弱的橋梁，以連接以上一段文字所形容那根深柢固的、又具多方面的爭議的兩面。正如在輔導關係裏面，歷史和終末這兩個身分都必須參與其中，所以個人主體的特殊性，以及那些既塑造人生又賦予人生意義的力量那生態的、集體的關係，也都必須參與其中。

我在田立克的存在主義神學和莫特曼的三一生態思維上發展出那範式的神學圖像；透過這圖像的鏡片，我們就看到，在牧養輔導的處境裏，關於改變的問題本身已包含了這個雙重弔詭。因此，對改變的理解就必須是擁抱雙重弔詭的兩面。改變，包括自體對在歷史中的位置和過程所作的轉變。改變，又包括挪用自體與神的三一歷史之間的聯繫。改變是在依據存在經驗的自我理解上，修正自我。持久的改變也只有在更改了的關係與有共同意義的背景之中，才是可能的。牧養輔導關係的任務，就是關注那些從雙重弔詭的四方面冒出來的爭論和可能性。

在我們來到神學詮釋上的繞道的終點之際，一個需要作進一步澄清的反思呈現出來，而這反思是從那在神學上已討論過的人類身分其雙重弔詭的圖像產生出來的。我們在這一章裏所走過的路程，清楚而穩固地把牧養輔導紮根於教會的生活和使命上，而教會的生活和使命就成為那個場地，讓雙重弔詭的四方面在其中能得到最細心和最穩健照管。牧養輔導，以我在此賦予的神學的自我理解，不可能在教會以外的俗世環境之中，以助人者與不安者之間的私人關係，來完成其牧養輔導的身分。相反地，透過在此所發展出來的詮釋工具而得到的理解，牧養輔導憑著本身的性質，已是教會裏的一個功能和使命。因此，牧養輔導最好被看為擁有一個終末的與福音性的目的。教會使命的一個方面是慶賀道成肉身的這個大好信息，並對聖靈在世上的復和工作作出回應。不管牧養輔導員可能在甚麼實質地方遇上人所受到的痛苦，他或她都要在教會那關係性的意義背景內，才能恰當地照顧到那具四方面的弔詭。提供意義生態環境的正是那個背境，而牧養輔導員就參與在這背景之中，也邀請受苦的人進入這背景。**牧養**輔導最終倚靠的，是基督教對歷史及聖靈的終末工作的願景，不管牧養輔導員在詮釋輔導室裏所見和所經歷的事時，他或她所用的是甚麼描述性的語言。

完成了我們在神學詮釋上的繞道之後，在下一章我們會轉而探討一些心理治療心理學的語言，企圖找出可能把神學的語言世界（我們從這世界而來），與那個有接觸但非常不同的世界之圖像和主題連接起來的聯繫。我們所可能找到的連接聯繫，將不會是直接的和按照字面意義而得的。在某意義上，我們所進入的世界，有著一套本質非常不一樣的神祕圖像。然而，一些聯繫也許會出現，藉此有意義的對話可能得以進行，並我們對牧養輔導工作的理解可以變得豐富。

4 自我心理學、客體關係理論與自體的詮釋學

佛洛伊德(Sigmund Freud)的研究所產生的治療心理學流派，其核心有兩個主要的圖像，而牧養輔導員實際上已視之為天經地義的：發展主義(developmentalism)的圖像，以及自體內衝突的圖像。這兩個形成心理學詮釋的圖像，對牧養輔導的詮釋那方法的影響十分巨大，這已導致在很多牧者的心目中，輔導別人和幫助別人以處理衝突或成長，兩者其實已經變成同義的說法。在衝突中的自體，與尋求成長和脫離舊有衝突的自體，已變成那個人——牧養輔導的客體——的圖像。

佛洛伊德對人的看法，是悲觀和悲喜交集的。[1]他的理論說到，人與生俱來便有一股尋求滿足的本能性驅力，然而，在人與「文明」力量(“civilizing” power)之間、與父母的權威之間，充滿矛盾；這理論使他的觀點轉向一種發展的詮釋學(developmental hermeneutic)，以及一種對

自體的理解：自體是受塑於其內部的和與自體有關的矛盾力量。佛洛伊德根據臨牀經驗的所得而想像出，那些內驅力本身不斷地互有衝突。不論我們所指的是佛洛伊德早期關於性慾或性的內驅力和自我保存內驅力的構想，還是佛洛伊德後來所提出的厄洛斯(Eros；譯者按：即愛神，佛洛伊德的心理學用語，即性愛本能)與薩納托斯(Thanatos；譯者按：即死神，又作自我毀滅的本能)之間那無休止的鬥爭。此外，那人不但受制於父母權威(父母對於兒女在童年發育期的事件中，因內驅力的推動而作的行為所產生的反應)，而且更重要的是，父母成了那孩童那具想像力的幻想中最重要的人物。於此，我們瞥見早前第二章的討論的重要性，那裏論到利科(Paul Ricoeur)對佛洛伊德所作的詮釋，而這詮釋牽涉到力量的語言和意義的語言。雖然佛洛伊德的工作自始至終都保留著原本對那塑造著孩童性格的內在和外在「力量」的關注，但是由於佛洛伊德確認，幼童藉著那些想像中的人物的作風，來幻想其與父母親的關係，所以他十分強調孩童本身私底下對這些關係那富意思的詮釋，並且指出箇中的象徵意義。一個概念的要點在此浮現出來：人的自體便是那對其本人的經驗作富想像力的詮釋的人，雖然佛洛伊德自己從來沒有用過這語言。

閱讀佛洛伊德的人格理論時，對於這理論的內部運作，人往往會較多採取一種機械式的或決定論式的閱讀，那不是像這樣簡略的綜覽所能顯示出來的。佛洛伊德本人所使用的語言常常是機械式的，例如他用「機制」

（mechanism）一詞來指出，自我（ego）為了抵擋種種攻擊而作的努力。他的科學頭腦加上他寫作的時代，規定了他在詮釋人類現象時，會添上一層機械式的、因果的風味。然而，自他初開始研擬訂理論以來，他就被符號象徵所散發那較強神祕感的、較少唯物主義的能力所吸引；在多重層面上，這些符號象徵可以被理解為在表述中已包含一羣可詮釋的、又常常互相衝突的意義。事實上，佛洛伊德提出，出於本能的內驅力只能以象徵圖像的形式，向外界顯示自己。佛洛伊德愈發深入研究，試圖理解在病人身上所見到的**精神**（psychic）現象，他便越發定意要從象徵方面著手理解精神生活。

重溫一些有關自我意識這概念的發展歷史，會有助於我們的目標：理解在心理分析的思想裏混合在一起的力量/意義語言。雖然佛洛伊德在自我那種種不同能動機制（agencies）或「制度」（institutions）的結構理論中，假定自我擔當著主要仲裁者的角色，以主宰種種的能動力（dynamic force），而這些能動力塑造著那發展中的人的生命；但是在佛洛伊德的第二和第三代傳人中，某些人才發展這個核心概念。到那個時期，佛洛伊德的發展主義業已完全確立，以致有關自我意識及其運作的理論，都是依照「在發育中孩童的生命裏自我的形塑」這個理論的常見模式。但是對於佛洛伊德的追隨者，即那些自我心理學家（ego psychologist），自我就變得不僅僅是那個負責感知與妥協的仲裁者，遊走於幾個「主人」之中：內驅力、那內化了父母權威的超我（superego），以及享樂與現實原則。

在那些早期從心理分析角度來研究自我的功能的佛洛伊德追隨者中，佛洛伊德的女兒安娜（Anna）成了關鍵人物。就核心的圖像而言，安娜．佛洛伊德雖然沒有修改她父親的基本概念，卻對它們詳加闡釋。她的重要著作《自我與防衛機制》（*The Ego and Mechanisms of Defense*），就談到自我的象徵化功能：

> 我們記得，在心理分析的後設心理學（psychoanalytical metapsychology）中，將情感與出於本能的歷程，聯想到關於字詞的觀念，這被稱為是邁向控制本能的方向的第一步，也是最重要的一步，而且那是個人發展中所必須踏出的一步。在這些著作裏，思想（thinking）被形容為「一個試驗過程，在其中最少量的本能都盡可能被運用」。這樣把出於本能的生活智性化（intellectualization），即一個藉著把這些過程連結到那些可在意識層面處理的觀念，而企圖掌握那些出於本能的過程的嘗試，是人的自我所取得其中一個最概括的、最早期的和最必須要有的成就。我們不把它當作是自我的一個活動，而是自我其中一個必不可少的組成部分。[2]

於此我們可以清楚看見與博伊申(Anton Boisen)的範式的一點聯繫;那範式是導致我寫這本書的。像博伊申一樣,安娜·佛洛伊德強調那個把觀念連於深層互動經驗的能力:「人的自我其中一個最概括的、最早期的、最必須要有的要求。」從人生的早期開始,自我就要做詮釋的工夫。對安娜·佛洛伊德來說,這些詮釋必須「掌握本能的程序」,而所用的方法是要使它們在自我的生活中變得較易處理,甚至是有用的。

哈特曼(Heinz Hartmann)是一九三〇及一九四〇年代紐約心理分析學界的領袖之一,他以安娜·佛洛伊德的研究為基礎,只是他取了一個稍微不同的方向。哈特曼在一九三七年首度宣讀了那劃時代的論文《自我心理學及適應問題》(*Ego Psychology and the Problem of Adaptation*),在論文中除了提出自我功能在這些方面受到內驅力那衍生的衝突所操縱之外,他還同時提出那個他稱之為自我功能的「無衝突領域」(conflict-free sphere)。在這個領域裏,所有在人類發展之中與成長有關的方面,以及孩童與環境愈來愈多的接觸,都一起運作,以形成相對堅強或者軟弱的自我,而這自我或多或少能夠既應付那些與內驅力有關的衝突,又能夠應付那些無衝突領域的成長任務。

儘管在衝突領域的掙扎中,自我的力量每每突出地顯現自己,但若然要為它下定義的話,我

> 們就不能僅就那落在衝突中的自我其兩面受壓的狀態而言。……我們一旦客體地對那些能力、性格、意志等因素作出斷定——這些因素是那些「堅強的」或者「軟弱的」自我以經驗為根據的(非假設的)相關因素——我們就會避過一般定義的相對性;一般定義會從個人自我與其本我(id)或超我(superego)之間的關係,來決定自我的力量。[3]

我在此重溫這段經典心理分析的自我心理學的歷史,有幾個原因。首先,把博伊申的兩個概念放置在自我或自我心理學那些同時期的發展中,這是重要的;那兩個概念就是:生命猶如文本的發展圖像,和他就觀念與經驗之間的聯繫在心理學上那具決定性的重要性所提出的觀念。那關注意義和經驗之間的聯繫的,顯然不只博伊申一人。其次,我想在那段時期的心理分析文獻中,建立一個可能存在的聯繫,儘管是個未經研發及未經確認的聯繫:把那些文獻,連接於我們在第二章討論時所用到的、那些不太自覺是屬於心理學的詮釋學文獻。我在這裏希望達到的是,梳理出一個可能存在的聯繫;那聯繫就是在心理分析自我心理學之中,與博伊申的詮釋概念的連繫:自體是其本身經驗的詮釋者。如果我們想與心理分析學保持對話,我們就肯定要在這個概念和動力衝突論(dynamic conflict theory)之間築起聯繫;但是如果我們想脫離心理分析學的思想那機械式的閱讀所提出的強硬決定論，我們就必須在自我心理學之內，為自我那自發作詮釋的角色，找一個立足點。在企圖找出那個立足點的背後，還有一個牧養神學上的渴望，就是想與那向我們求助的人建立一種關係，而那人就是正在尋求為自己的人生經歷作重新詮釋、找出新意義的人；並與此同時，那人考慮到所牽涉其中的所有能動力，就是現代牧養關顧有效地喚起人來注意的那些力量。如果我們要明白到，自己的職事是關乎個人那像文本的生命的話，著述的過程（process of authorship）本身就要得到確立。

順著佛洛伊德的發展範式而從心理學的角度來看，我為那像文本的生命確立對著述的關注，促使我們更深入研究關乎自體意識的來源的問題。在此，我們遇到幾位後佛洛伊德時代的理論家；他們興起而成為心理分析傳統裏的分析學家。他們受到催逼，將對發展的研究延至嬰兒生命的更初期，較那讓佛洛伊德全神貫注的戀母情結時期（Oedipal period），更要早期。一般來說，我們可以把這些大多屬於第三代新佛洛伊德派的人士，歸在「客體關係理論家」（object relations theorists）這個總稱號之下。

佛洛伊德的衝突和內驅力理論，很大部分是從他接觸維多利亞時代歐洲（Victorian Europe）的不安者的臨牀經驗所發展出來的。那既是個禁慾時代，也是父權制度開始崩潰的時代；而到了我們這個時代，父權制度的崩潰已經遍及整個西方社會。佛洛伊德那些焦慮的、歇斯底里的、為衝突而受苦的顧客，促使他制訂出一套理論，雖然這理論承認較初期的童年期發展是重要的，但它卻十分著重戀母情結時期的心**性**（psycho-*sexual*）的形成。通常在大約五至七歲期間出現的戀母情結時期，被佛洛伊德看為是一段性與身分發生強烈衝突的時期，於此期間，內驅力的力量尖銳地與父母的權力和權威作出對抗。佛洛伊德就象徵與幻想所作的大部分研究，與他就內驅力的力量衝突而作的研究，都同是集中圍繞著這個發展階段的。

那些客體關係理論家把注意力轉移到嬰兒最早期的經驗，由誕生開始。對於這種對人的最早期經驗的專注，我們所能提出的原因不勝枚舉。從一個廣泛的文化角度來看，最顯著的原因可能有兩點：（1）人需要理解精神病的根源，尤其是精神分裂症；（2）尋求心理治療的人愈來愈多，他們的難題似乎是關於空虛及欠缺自愛，並伴隨著對自體沒有健壯的意識，而非由神經官能衝突所致。後者所說的那些難題，很多時都被說成是自戀的問題，它們所含的若不是自我吹捧的意思，就是與自我吹捧相反的自我菲薄的意思。

「客體關係」一詞，是佛洛伊德式語言的一個延伸；在佛洛伊德式語言中，「客體」一詞主要是用來標明在環境內的某個人，而個體漸漸看重他，或與他建立起舉足輕重的關係。然而，這個觀念也適用於其他種類的客體，例如地方或機構。最基本的客體關係無疑就是人與母親的關係，繼而是稍後與父親及兄弟姊妹所建立的關係。[4]

客體關係範式是以一個觀念開始：在嬰兒的學語前階段，自體與客體世界是融為一體的。這個觀念的構想是來自對嬰兒和母親的實際觀察，也是來自對成年人所作的分析工作。因此，説到那個最初期的處境，那合適的説法是「自體一客體」，是初生圖像的斷片，在其中自體與他者的二分法還未存在。嬰兒是那麼無助，也沒能力作出回應，於是母親 —— 尤其是母親 —— 每每向孩子主動提出那個回應，她預測孩子那可能感受到的不舒適或需要。孩子與母親，孩子與世界，都是一體的，都是一樣的。客體關係理論所最常稱為分離一個體化（separation-individuation）的那個過程，那時還沒有開始。

但這個樂園不能持久。嬰兒出生時便在身體上脱離了母體，他或她很早就開始有一些經驗，是與自體和客體世界之間的這種合一有抵觸的。母親的臉孔出現又消失。不管她是多麼的細心照料，飢腸轆轆和尿濕的不適仍時有出現。一個新的情況闖了進來。客體關係理論的作者們指出，這個時期可能會引發巨大的焦慮。這時嬰兒還未有任何言語或關於實在的意識，可以用來接受或「理解」這個新的經歷，他或她只可能對威脅有一種模糊的、無名的意識，就好像正在墮進或者猛然闖入虛無之中。

一如所料，在此向客體關係理論家提出的關鍵問題是：在與母親和世界分開後，自體那學語前的意識是怎樣成形的呢？嬰兒是怎樣先離開自我與客體世界的相依共生，然後開始那個成為一個獨立的、有自我意識的人的過程呢？

關於這個問題，不同的客體關係理論有不同的說法。我注意到在那些說法中有幾個重要的差異，所以我找來三位理論家的觀點，他們都是最有助於為牧養輔導的詮釋學理論，整理出一個心理學支點；這三位理論家的背景都略為不同，而且他們也來自不同的理論背景。我們將會簡略地討論溫尼考特（D. W. Winnicott）、克伯格（Otto Kernberg）、科胡特（Heinz Kohut）的見解。

溫尼考特（1896～1971）是一位給「英國派」客體關係理論家貢獻很多的人。他接受過佛洛伊德派心理分析學的訓練，是倫敦一位小兒科醫生，專門服務兒童和他們的母親。因此他的文章每每直接從他現役的臨牀實踐中產生出來，並瀰漫著一種反思的、閒聊的、非常人性化的素質。

雖然溫尼考特甚為擁抱佛洛伊德關於內驅力衝突的理論，但是他也相信，衝突理論必須與發展中的自體一個更早的關切點，接連起來。對他來說，本能變成力量，把能量施加在核心的自體（central self）之上。「那核心的自體可以說是被繼承的潛能，它正在經歷一種存有的延續，並且以自己的方法、自己的速度，取得一種個人的精神實在（psychic reality）和個人的身體結構。」[5]

對溫尼考特而言，那核心的自體開始脫離母親而形成自己之時，其所經歷的過程有三個階段：絕對依賴、相對依賴，以及溫尼考特所稱之為「朝向獨立」的階段。在絕對依賴的階段，嬰兒不知道有或沒有母親的照料；嬰兒只會是感到痛苦或是感到快樂。但是隨著時間，嬰兒開始對母親的照顧有一些零碎的察覺（awareness），而且開始有限度地將對這些細節的察覺，連繫到所經驗的事上面，以及連繫到那些與快樂及痛苦經驗相關的衝動上面。再後期一點，嬰兒自體變得足夠地獨立和自覺，短暫沒有被實質照料也可以。關於過去最近得到照料的記憶開始形成，並且對於將來會再得到照料的信心亦開始培養出來。

溫尼考特談到，在這個嬰兒早期的開始，有一條「生命線」（line of life），是連續不斷的，而且開始融合嬰兒的所有經驗，儘管嬰兒仍然徘徊於相對融合和未融合的狀態之間。孩子開始覺得生活帶有一種「繼續存在」（going on being）的味道，進而初嘗「我是」（I am）的意識。

> 首先嘗到的是「我」，那包含了「其他一切非我的東西」。然後是「我是，我存在。我收集經驗，充實自己，與非我（NOT-ME）——那個共享實在的實際世界——作一種內攝式的（introjective）和投射式的（projective）互動」。在此加上：「有人看到我，知道我存在。」再加上：「我得回（如從鏡子中看到的一張臉）所需的證明，曉得我已被確認為一個人。」[6]

我們可以理解，溫尼考特強調，在這個自體開始意識到其與世界分開的時期，母親照料孩子的素質是重要的，而「稱職的母親」(good-enough mother)就尤為重要。這不是那個在理論上完美的母親，能夠預知嬰兒的每個需要，使嬰兒完全感受不到分離所帶來的駭人焦慮。稱職的母親反而能夠向孩子提供恰到好處的回應，足以給孩子一點她同在的保證，卻又慢慢讓孩子知道，她與孩子是不相連的。

說到我們在構思中的詮釋理論，最少有兩個深層的心理學支撐點，可以在溫尼考特有關人開始意識自體的構想中被找到。對於我們從詮釋學角度把自體理解為自己經驗的詮釋者的這個看法，溫尼考特首先給了我們一條心理學的底線。人由最起初的分離到擁有自我意識的存有，都處於一個景況之中：要透過那些儘管還未成熟卻確實可以被稱為「詮釋」的東西，去確立存在的連續性，以及讓自體從世界區分出來。為甚麼母親的臉不見了？為甚麼那臉又回來了？這個似乎在我以外的，究竟是甚麼？在學語前、在初生時期、零碎地，自體一定要弄明白那個處境，以及應付因這個處境的奧祕而產生的焦慮。溫尼考特在這裏指出，一個感到自己擁有無限能力的短暫階段，是重要的；這好比，如果開始時的焦慮得到處理，那份自體的連續感又得到確立，嬰兒就會覺得，自己所得到的照料來來去去，全都在自己的掌握之中。[7]

溫尼考特的理論所提供的第二個深層心理學支撐點是，這個自體作詮釋的過程，一開始就是一個社交過程。

自體作的詮釋的素質，不僅是自己個人努力的成果。嬰兒與母親（或其他分擔育兒角色的人物）一起組成一個社會環境、一個生態環境，為「我是和你是」的處境形塑出一個模子。這段部分地獨立的後期發展，就開始把更多的詮釋工作，移到發展中的自體的肩頭上。但是即使進入了成年階段，詮釋存在意義的基礎，基本上仍然是社會性的。

與這個早期自體區分（self-differentiation）的社交過程同時發生的，是那展開了初露的自體的另一方面，即「居住於軀體內的心靈」（the psyche indwelling the soma）。身體成為自體的居所，遂形成一種意識：存在於身體**之內**，並與另一人或其他人**共同**生活。溫尼克特稱這個過程為「人格化」（personalisation）。[8]

溫尼考特的研究給我們進一步帶來另一個概念，作為與一個詮釋學理論連接的聯繫，它在心理學上是相當重要的。那概念就是對過渡客體（transitional object）的構想。這個名稱衍生出溫尼考特之努力：嘗試理解那個把內心的、幻想的客體，聯繫到外在實在的過程。溫尼考特稱這個居中的客體為過渡客體。他對嬰兒的精神生活特別感興趣，這促使他專注於童年時期的普遍現象：每個幼童都有一個最喜愛的玩具，例如泰迪熊，而且都有那個假想的「朋友」。那個過渡客體居於幻想與現實之間的某處，部分處於自體的控制之下，部分獨立於並處於環境的控制之下。

> 人到了某個階段，就成為一個被有限制力的薄膜包著的單元，並且有外亦有內。每個達到這個階段的人，都可以說已擁有一種**內在實在**(inner reality)，一個內心世界，這世界可以是富足的或者貧瘠的，也可以是和平的或正處於戰爭狀態之中的。這固然會有幫助，但足夠嗎？
>
> 我想說的是，倘若這種二重的陳述是需要的話，那麼一個三重的陳述也是需要的：人的生活之第三部分，即那個我們不能忽視的部分，就是處於中間地帶的**經驗過程**，而內在實在與外在生活都有分於為這經驗過程而出力的。這個地帶仍未被質疑，原因是我們還未有關於它的說法，除了指它將會是一個休歇處，讓人致力保持內在與外在實在分別開來但又互相關連。[9]

溫尼考特相信，成長中的嬰兒能夠利用過渡客體和過渡行為，在想像的、基於願望的幻想與實在的他性(otherness)之間遊走。我們在這裏看到，在自體愈來愈需要維持對存在路線的控制之下，自體如何混合想像與對實在的感受，以發展某種敍述式的中間地帶，在其中一個詮釋過程開始被形成。

精神病學家里祖托(Anna-Maria Rizzuto)根據溫尼

考特的過渡客體這個概念寫了一本書，他在書裏提出：在西方文化中成長的孩童，其過渡精神生活有一個方面，是形成神的原始圖像的。雖然她的研究只基於有限數目的實例，而這些實例都是一些患上嚴重情緒困擾的人；但叫人觸目的是，她做了詳盡紀錄，縷述那些關於神的、未成熟的圖像怎樣密切地被捲入孩子的生活經驗之中，而且協助那人應付生活上出現的種種發育期壓力。這些過渡的「神」，顯然都是一些基於孩子那早期客體關係的經驗而產生的詮釋。我們可以視它們為私人的神話式形象，好像那些偉大宗教所根據的那些深層文化的神話一般，是從生活經驗的熔爐中浮現出來的。[10]

和里祖托一樣，牧養輔導員所感興趣的，是與個人生活那些深層問題有關的、個人對神的體驗之特徵。這些特徵總牽涉到一個特殊的混合體：文化和信仰羣體對於神如何與人聯繫的圖像，摻合著那源於發展過程的、私人的、有特性的觀念。人所接觸到那宗教文化的神話圖像，與源於個人經驗的幻想圖像自由地混合起來，以形成對神的過渡圖像。從那個混合體浮現出來的是一些被稱為私人神話的東西，其內容是在人生進程中自體與神那過去的和持續不斷的關係。如果牧者作為福音的更新大能的代表、而與人聯繫起來，他或她就要與其自體的私人神話，以及自體與神的關係有聯繫。正如博伊申那生命猶如文本的圖像所建議的，那個任務基本上就變成是一個詮釋任務。

在我們轉往客體關係理論的其他發展之前，最後我們還有一個溫尼考特的概念必須考慮的，那就是他為真、假自體觀所作的構想。倘若育嬰者與嬰兒的關係是「稱職」的話，當孩子走過絕對依賴、相對依賴和相對獨立這三個階段時，他或她就能夠發展出——相對於客體世界的真正能力和權威——對自己的能力的一種真實感覺。自體對存在（existence）的延續關連，感到「聽起來是真的」，確實是四平八穩的。

然而，尤其是，若育兒方式不「稱職」的話，即是説，若那位或那些育兒者打從很早期就已堅持，嬰兒必須順從母親的自戀需要，而不是母親自己適應嬰兒的需要；那就可能會造成一種自體的虛假意識。

> 嬰兒的舉止定時地會對自發的衝動展現出一種表達；舉止的源頭是真自體（True Self），而舉止顯示出可能有一個真的自體存在。……
>
> 稱職的母親滿足嬰兒的無限權力，而且在某程度上理解箇中情況。她會一而再地這樣做。當嬰兒的無限權力有所表示時，母親就執行；這把力量給予嬰兒那軟弱的自我，於是一個真的自體開始活起來。
>
> 不稱職的母親就是不能執行嬰兒那無限權力的示意，於是她就一再不能滿足嬰兒舉止的要求；她反而用自己的舉止代替執行，而這些舉止則要嬰兒服從，才變得有意義。在嬰兒這

> 方面，服從乃是假自體（False Self）的初階，是與母親未能感受到自己嬰孩的需要有關的。[11]

在這裏我們再一次稍稍看到詮釋過程那最早期人際交往的開端，它為後來的自體風格及為存有的詮釋模式，訂定了方向。母親對於嬰兒舉止的詮釋，與嬰兒對自己身處的處境所開始作的詮釋，都是一樣重要。假自體的發展，最終得出的結果是，人因順從其社會環境或其生命中重要人物的願望和需要，而築起一道表面假象，這樣，那真自體的身分——那個如果被容許自行作判斷便會成為的人——就似乎是被隱藏了或不存在的。另一方面，如果在發展期間，那個育兒客體太過事事順從嬰兒的自戀心態，結果所塑造出來的人就會非常執著，認為所有關係都必須依照自己的自戀方式來建立，以致他們似乎完全離羣，或者是非常自戀地與人交往，於是他們對自我與世界的關係的詮釋是疏離的，而且同樣是假的。人際關係中的忠誠，在心理學上源自在最早期關顧關係之中那稱職的忠誠（good-enough truth）；在那關顧關係中，自體和其他需要以某種方式取得平衡。

正正是在這一點上面，溫尼考特的客體關係理論支持一個神學判斷：人需要對自體的盲目崇拜作神學判斷。不少心理治療都偏重於那些充滿價值觀的概念，如自主性和自我實現或個人化（individuation），而在這些心理治療裏面，都蘊含對自體的盲目崇拜。從溫尼考特的角度看，個人化不是人成為自主和自足的過程，並非好像現時大多數的流行心理學，甚至大多數的心理治療企業本身似乎想要顯示的那般。自體的真與假必須處理正確的關係，這能夠藉著適當地承認和吸引一個不符合我們所意欲的實在的他性，來平衡自體的需要和舉止。溫尼考特對嬰兒與母親的早期關係所作的心理學分析表明，那種正確關係是在母親和嬰兒雙方都處於某程度的痛苦和犧牲的熔爐中而誕生的。在這裏我們所見到的範式圖像，與人文心理學家的圖像非常不同。人文心理學家談到人類潛能的核心：只需要正確的培育和滿足，人就能成長為一個自主的、自我實現的存有。相反地，我們在此見到的是一個關係的範式，而在這範式中，那擔當重要角色的是受苦、犧牲，以及那些具無限權力的自由性之間的某種衝突。

我們在溫尼考特的著作中找到幾個心理學支撐點，可以讓我們的詮釋理論有所依附，如今我們要轉而更簡略地看看另一位客體關係理論家：當代美國人克伯格。我只想與克伯格的思想作有限度的聯繫，但讀者若是願意的話，他們會發覺，更徹底地挪用他的理念，會是十分有用的。[12]

克伯格受過經典佛洛伊德學派的心理分析理論的訓練，包括較早前我在這一章所提到的、在自我心理學中較近期的發展；克伯格根據佛洛伊德的內驅力衝突理論，而為最初期的客體關係的構成，發展他自己的理論，他用上一些耳熟能詳的佛洛伊德的概念，例如內攝、投射，諸如此類。他在臨牀方面所特別著重的是，構思一個概念框架，以此來理解那個所謂的「邊緣」人格（"borderline" personality）。有邊緣人格的人，他或她是活在精神病和常態（或神經質人格系統）之間的邊緣上。他們的特徵是容易變得狂躁不安和沮喪抑鬱，通常沉溺於種種物質的濫用或者有飲食失衡的問題，極難保持穩定的人際關係。這些人似乎常常有兩極化的感受，不時輪流爆發盛怒和敵意與自貶。我們通常會留意到，在我們社會那些求助於心理治療的人中，患邊緣失調的人愈來愈多。

克伯格對我們這個研究計劃主要有兩方面的貢獻。其一是他的分析：正反情緒的效價（valence）如何依附於自體和客體圖像，以形成我們所謂的具正面或反面效價的詮釋。其二是因其分析而形成的、克伯格所稱為自體與客體圖像中的裂縫。克伯格為生命的頭二十四個月，特別是第六個月到第二十四個月，提出這兩個理論上的構想。

像溫尼考特一般，克伯格想像新生兒分別在不同時刻所感受到的，若不是安舒和歡愉，就只會是不安、焦慮、痛苦。這兩種辯證地相反的感受所產生的矛盾，是發展中的嬰兒要面對的第一個困境。克伯格把這些互不連接的時刻，稱為「全好」和「全壞」的經驗。

這些全好和全壞的經驗漸漸開始被視為與同一個客體——那位母親——是一體的，雖然起初並非看她是同一個人，而是好像正反兩種經驗那般是分開和獨立的。她不知怎的成為「好的」母親和「壞的」母親——一種客體圖像分裂開來，以符合早期經驗的兩極性。

在這種客體圖像分裂伊始，同時有一個類似的過程，正在嬰兒形成自體意識的初期發生。在仍然與客體世界融為一體之時，兩個初期的自我狀態浮現出來，如母親的情況，是以「全好」和「全壞」的形式出現的。這都發生在孩子能對經驗的連續性有確確實實的感受之前。然而，與溫尼考特所提出的大致一樣，克伯格看到，在生命的頭數個月，作為自體的存在開始有一種連續性。在仍然融合在自體—客體圖像的共生關係之中，那個辯證式的分裂現在開始一方面以「全好的母親與全好的我」的形式出現，另一方面又以「全壞的母親與全壞的我」的形式出現。

嬰兒漸漸生出一種愈來愈成熟的意識，感覺到客體和自體的連續性，於是自體與客體關係的發展便臨到一個重要關頭。對母親的體驗與對自體的體驗，必須分別開來。個人化必須開始工作。不但如此，正面和反面效價的經驗必須以某種方法被整合起來。母親（和其他育兒人物）必須開始被看為既好且壞（稱職？）的人，而自體則必須開始被看成為既非全好也非全壞，而是一個綜合的混合體。

> 正反內攝混為一體，這意味著，它們具情感的成分會有融合和伴隨而來的修改。純正面和純反面情感狀況的擴散效果會漸減。……這種發展對正常的精神成長十分重要，也引發另外一個內部精神（intrapsychic）生命的發展：孕育一個**理想**

> **自體**（ideal self）的圖像。理想自體的圖像所呈現的是力求補償罪過和重新為自體與客體建立理想、積極的關係。而完成這幅圖畫的，是一個**理想客體**（ideal object）的圖像，它象徵著那個完好無缺、完全忠誠、寬宏大量的客體。[13]

在此我們看到克伯格如何構想那一體化的詮釋過程；倘若自體的發展方式，要能夠對自體和對自體的世界中的重要客體，保留一種實在論式的（realistic）、兩極化的（bioplar）意識，那個詮釋過程便必須發生。但是有些人不能達到這個狀態，不能將自體和客體的正反效價的經驗融合起來。那種維持好與壞的分裂的存有狀態，或多或少變成一種固定風格，導致所有的客體關係都有些內在的辯證。然而如今那道裂縫取了垂直的方向，而不是橫向的方向。自體與客體世界之間不再有橫向的分隔，反而那個全好的自體圖像仍然與那個全好的客體圖像融為一體，而那個全壞的自體圖像也仍然與那個全壞的客體形象融為一體。在這個未經整合的狀態之中，自體那與他者有關的生活，仍然受制於極大的擺動，一方面是自體的正反兩極和其他的指控、敵意、罪疚，另一方面則是自體那浮誇的假設和其他利益與滿足感的混合。

就好像溫尼考特的理論一般，牧養輔導員很容易就在神學與克伯格的心理學之間，對數個可能的象徵性聯繫作反思。在克伯格眼中，在新生兒身上所見到的人類處境，最初就充滿著好與壞、痛與樂。人類的第一個任務就是面對那個處境，並將它融合到對自體和客體世界的敍述意識之中。我們必須為自體和世界構思一種故事或繪出一幅神話式圖畫，從而把經歷到的那兩極都收編進去。正如溫尼考特所説，那基本上是一個社交過程，也是一個自體的企劃。克伯格透過其對理想自體和理想客體這些概念的構想，開創了一條道路，通往一個豐富而有力的心理聯繫，把自我締造理想的開端，與在宗教團體的信仰與生活中的規範性理想圖像連接起來。

在有關理想自體和理想客體的考量上，另一位美國人科胡特的研究工作，為我們在心理聯繫上的尋索作出了重要貢獻。科胡特通常不會被視為與其他客體關係理論學者有任何緊密的關聯。他一直都是獨自做研究，雖然他像克伯格一樣，在其臨牀工作上，主要著重於理解邊緣人格，或者那些主要牽連到自戀問題的人。他較溫尼考特和克伯格都更關注，社會價值觀改變與文化圖像的轉移對自體的形塑過程所帶來的影響。

科胡特在很多方面都是屬於經典的佛洛伊德派。他接受經修訂的佛洛伊德派內驅力衝突理論，包括其對於內驅力、自我、本我、超我的結構的後設心理學的概念。他覺得這種心理學足以詮釋其所指的「罪疚者」(Guilty Man)——即那些主要受內在衝突困擾的人——並予以心理治療。[14]

但是科胡特好像溫尼考特和克伯格一般，其關心的是理解某些人類疾病的病源學；那些疾病的根源，似乎都是出現在內驅力衝突的戀母情結式發展之前，即自體的分裂問題之前。科胡特有點像溫尼考特般，假定有一個「核心自體」(nuclear self)，是從最早期與育兒人物所建立的關係中發展出來的。科胡特又好像溫尼考特一樣，認為嬰兒在其內在經驗之中，首先是以一種共生方式與環境眾客體的世界聯結在一起。所以自體最初的圖像都是「自體—客體」。隨著時間流逝，更重要的是，藉著母親所提供的「反照」經驗——滿足了嬰兒對於承認和確定那種自戀式的需要——核心自體便被建立起來。沒有這種激勵和確定的經驗，核心自體便會停留在軟弱和輪廓模糊的狀態，沒有足夠裝備去經受人在發展中所帶來那些無可避免的、因自戀而產生的傷害。

雖然科胡特否認有任何社會分析學方面的專門知識，但是他看到自己的研究工作，與好幾位曾經描述二十世紀後期生活為疏離而殘破的，在藝術與文學界中富創意的思想家的工作，有著一些聯繫。他提出，儘管佛洛伊德時期的文化是過於親密和有著過多情慾刺激而又對性慾意識充滿矛盾，但是今天的西方文化所產生出的那些社會和家庭處境，是完全欠缺自我價值的反照激勵和確認的。[15]這個已變更的局面產生了一個需要：需要一種能補足內驅力衝突理論的心理學，一個和「富於表現自體或創意的人」(Self-Expressive or Creative Man)的心理學成對比的、科胡特所謂的「悲慘的人」(Tragic Man)的心理學。[16]

我們在這裏看見，科胡特為那不能為自體書寫一個有條理、有創意的「故事」或有條理的神話式圖像的人，提出一個心理學理論，這理論可以為日常經驗的存在過程，提供那種敍述質素，給那日常經驗的存在過程，賦予意義和一個居中的自體，而且可以在這個自體的周圍，讓一種生命架構和衝突管理得以維持。

> 如果我們從理論構思轉移到實際經驗，我們就可以說，健康的人沿著時間軸從兩個源頭衍生出一體（oneness）和同一（sameness）的意識，那兩個源頭：一個是表面的，另一個則是深層的。表面源頭屬於一種採取歷史立場的能力——人的一個重要而且顯著的智性機能：在回憶往事中認出自己，並將自己投射進一個想像中的未來。然而這並不足夠。很明顯的是，如果我們那持久不變的同一意識其另一個更深層的源頭乾涸了的話，那麼我們怎樣努力將自體的碎片與《追憶逝去年華》（*Remembrance of Things Past*）結合起來，也是白費心機的。[17]

科胡特提到《追憶逝去年華》，所指的當然是小說家普魯斯特（M. Proust）那劃時代的巨著。在這裏他所關切的是要醫治「自體的斷裂性」（discontinuity of the self）。[18] 對科胡特來說，人對連續性的意識那深層源頭，就是核心自體——一個核心架構，首先是由早期心靈歷程所塑造而成，而那心靈歷程又是與育兒客體接觸所生出的反照經驗而促成的。

> 這個架構是個基礎，讓我們感覺到自己是創始和感知的一個獨立的中心，與我們最主要的抱負和理想融合，也與我們的經驗融合，以致我們的身體和思想形成一個空間中的單元和一個時間裏的一個連續。這種連貫性和持久的心靈完形，聯同一套相關的才幹與技能，形成人格的主要部分。而那套相關的才幹與技能是它自己吸引回來的，又或是回應核心自體的抱負和理想而發展出來的。[19]

科胡特的核心自體是個「兩極化的自體」。從很早期開始，透過那個源起於反照的基礎與理想化自體—客體的形成過程(仍在與母親的共生關係之中被體驗得到的)，核心自體開始產生欲望、抱負、潛能。這些組成了兩極自體的一極。另一極則由理想——那些自體與世界的理想化圖像——所組成的。核心自體那正在發展中的生命——它對於連貫性和連續性的意識——反映出這兩極是怎樣處於張力之中而又以種種創新方式互相融合。

從科胡特所做的研究，我們引申出另一個心理學關聯，與取自博伊申的自體生命詮釋圖像互有關聯。自體的生命形塑一個詮釋，一個敘述故事，其主要任務是保持著自體以內的關係的連貫性和連續性，也保持著自體與外在客體世界的關係的連貫性和連續性。我會稱自體生命的這個任務為自體的詮釋學（hermeneutics of the self），或者用較傳統的神學語言來說，是心靈生命（life of the soul）；這個構想將會在下一章被詳細討論。牧養輔導員被召和有幸能專心照料的，就是這個生命。

我在這裏所用的「自體的詮釋學」和「心靈生命」這些詞組，將我們的注意力轉回到一個必然的關聯：使這一章探討心理學理論所得的，能夠與前幾章所做的神學和詮釋學研究，互相關聯起來。我們面前仍然有一個問題：怎樣將心理學理論與神學構思互相交織，以能產生一套協調一致的牧養輔導理論呢？

我把心理學理論的使用聚焦在這一點：對自體的意識的最初開端，以及那段時期自體與那些主要的他者的關係。當然，那個焦點是可以被擴大的。後來在心理學方面的發展，特別是如果從好像艾里克森（Erik H. Erikson；他使用圖式表述整個人類生命循環，而這循環是由一系列漸成的發育困境所組成的）那樣的自我心理學家所提出的角度去看，便會不斷呈現出，自體的新景況是需要新的詮釋、身分的改革，以及與客體關係的重建。[20]

藉著把焦點收窄在生命開始初期，我已將我們的心理學支點植於最深的層面。如此一來，我們就看到自體怎樣從生命伊始就被呈現出，其必須詮釋那在自體與他者、自體與世界之間所形成的隔閡。在有語言存在之前，這個新處境就必須得著詮釋。幻想是人類想像力的工作，它為自身提供一道通往世界的橋樑。但是那個搭橋工程必須有一種具關心的關係性回應相配合，這回應是「稱職」地既反照、也支持嬰兒的自戀表現，讓嬰兒創造出一個有自己位置的世界，並堅持照料者那基本的他性。

從神學的角度而言，我們從事牧養輔導的人，會希望擴張這個關係性熔爐的範圍，從而自體的種種詮釋得以自這個熔爐中誕生，而且這些詮釋在這熔爐裏面得到正確的維持。在神學上來說，我會假設，新生兒與撫育者的關係和與神的關係，在根本上是相似的。

在心理上，自體的起源蘊藏於那與母親的共生之中。胎兒確實是在母體裏面開始其生命的，它既依附於她，卻又從開始已是有分別的。作為新生兒，那種依附已不再是身體的聯繫，而必須變成是關係性的聯繫——這轉移是嬰兒不可能獨自達到的。那種過渡必須得到母親的協助；而母親敏感地密切注意新生兒那不斷轉變的需要，她一方面適應她孩子的需要，另一方面又逐漸堅持自己那有別於孩子的他性。因此母親替嬰兒作出其自己還未有能力去作的選擇。

驟眼看來，母親要做到讓孩子有「我是我，我不是母親」的意識，她最好能有點瑕疵或不完美，這瑕疵或不完美甚至是必須的。以溫尼考特的說法，最佳的母親是「稱職的」，但不是完美的。

然而若從神學角度來看，在母親與新生兒的關係和神與被造之人的關係之間的那個比喻，其所呈現的是一個有重大分別的關係圖像。自體的生命一開始便扎根在神裏面。在聖經的創世故事裏，個人的創造是神在創造中那登峯造極之舉。神選擇照著祂自己的形象造人，因而賜予我們一種獨立於神的自體的感覺。除此以外，我們人類就無法得到這種意識，以知道自己是獨立的，而且可以因應自己對世界的感知而作出自己的選擇。因此，神從創造伊始，已經回應了人類那想獨立的自戀需要，即使神作為那位原始的父親，為此而要付出極大的痛苦代價，祂也在所不惜。然而神也堅持一種終極的他性。對於我們想要世界順應我們所願的，神不會如此回應我們這一切的人性需要。在神那個形象的比喻裏面，「稱職」的母親並不會變成一個完美之中有瑕疵的母親，而是變成一個最能夠依照神所設立的模式，來與孩子建立關係的母親，她既尊重人的需要，也堅持在關係中所牽涉到的他性。

因此在自體與母親之間出現了一道縫隙，它也出現在自體與神之間，而這道縫隙必須被詮釋。這詮釋包含那從神學角度所見的心靈生命的任務，同樣地它包含了我們從客體關係理論的心理學角度所看到的自體任務。但是就好像與地上母親那類比的關係一般，這個維持自體或心靈生命的任務，並不單純是一種自發的活動。相反地，心靈生命是由神促成的；神一方面堅持自己的他性，另一方面反照出人在靈裏那最深的渴求。

從神學角度轉移到一個以經驗為根據的、宗教的心理學的角度，溫尼考特的過渡客體的概念，提出了一個有用的心理學假設：在自體的詮釋學層面上，自體是怎樣開始自覺到其與神的關係。如果溫尼考特的概念——那個後來由里祖托加以發展的版本——是正確無誤的話，那麼我們便得著一個以心理學詞彙來作理解的模式，它可用來理解，自體對其與神的關係的詮釋過程，與隨之而來的、自體對其與主要育兒人物的關係的詮釋，是怎樣纏結在一起的。在心理學來說，最早期對神的理解，真的可能以理想化的自體—客體的圖像這形式出現。只有在心靈生命中進一步經歷神之後，那個把與神的關係作重新符號化的改善工程才有可能展開，從而孩子的獨立—個人化過程那最早期的影響才得以調節。

克伯格所提出關於新生兒其好與壞經驗的心理辯證，加上他對於意義和感覺那具正面和負面效價的、在感情上的發展之理解，也都是重要的概念，它們對於為心靈生命構成一個神學性和心理學性的理解，都存在豐富的可能性。心靈生命最主要的是努力對付好與壞。精神上的熱情本身是具正面或負面效價的。科胡特所提出的抱負與理想的辯證亦然。從神學角度來看，我必須加的只有一句：如何處理心靈生命中那兩套辯證，這並不純是自體的工程。心靈生命從最初就是關係性的，而且深藏於傳統和信仰羣體裏面，而傳統和信仰羣體對於好與壞的張力、欲望與理想的張力，都提出了某種願景。個人心靈就是在那傳統和那羣體裏面，為自己的抉擇、自己如何平衡生命的辯證張力，找到指引和根據。牧養輔導員以該傳統和羣體的代表這個身分，來關顧人的心靈。傳統和羣體為他或她在確認身分上，提供了主要方法。至於在牧養輔導的具體環境裏，那個代表角色有甚麼意義，這則要留待往後數章才再作分曉。

這一趟可以稱為是另一次在詮釋學上的繞道，以進入到牧養輔導在心理學理論中的當代基礎知識；這繞道業已完成，我將會在下一章把注意力轉移到對在心靈生命中自體的詮釋學，作一個系統性綜合，這過程會採用那些來自神學和心理學的圖像。我希望、也期望，這樣的一個概要，將會進一步協助我們，為牧養輔導構思出一個真正跨學科的詮釋理論。

5 自體的詮釋學與心靈的生命

這一章的任務既是整合，同時也是進一步發展我們的核心圖像，即自體作為自己經驗的詮釋者：生命猶如文本。我們在早前三章裏面，已經頗為詳細地發展了源於詮釋理論的自體圖像、基督教神學傳統的某些組成部分，以及心理分析的客體關係理論，如今我們就要看看自體的這三個語言怎樣相互聯繫。我的目的不是把其中一個或兩個語言及其所表達的觀點，瓦解而成另外那個語言。每個語言都來自一個截然不同的語言世界，而我們必須尊重其整全性。然而我會建議，在詮釋學上關於自體的生命的觀點，可以在神學和心理學這兩套語言之間，成為具連結作用的橋樑，或者起中介作用的語言。因此，詮釋學的語言可被視為一套後設語言（metalanguage），即一套關乎種種詮釋語言的語言。神學和心理學源於不同的詮釋學、詮釋的不同模式和層次。因此，我把自己所提的牧養輔導理論，指定為一個詮釋理論，純粹是因為我正在嘗試構思的理論，會用到那些源於詮釋理論的概念和範式，以維持與神學和與心理學之間的聯繫。

我們在發展理論的工作中展開這個整合階段之際，最好先考量一下到目前為止被用來指定人的三個名詞：自我（ego）、自體（self）、心靈（soul）。我們使用這三個名詞的時候，要盡可能避開兩個誘人的想法。第一個誘人想法是我們可隨意交替使用它們，好像每個名詞都同指一個實體，而且其意思也大概是指同一樣東西。相反的誘人想法是將自我、自體、心靈當作指三個頗為獨立、互不關聯的實體。當然，後者的這一種傾向，可見於像科胡特（Heinz Kohut）那些心理分析理論家身上，儘管科胡特沒有直接用上心靈的語言。

為著我們的牧養輔導詮釋理論，我會看**自我**為一個心理學名詞，它最好被用來指個人運作的那個核心，而在那個核心中，那形塑人類衝突的力量匯聚點（nexus of force）結集起來和得到調解。從動力心理學（dynamic psychology）的角度看，自我指向自體的中心。自我所受的支配，既來自個人內在衝突力量所規定的情況，也來自從主要關係而來的內攝力量。

但是個人的中心並不僅僅是一個力量的匯聚點。那個正在經歷種種體驗的存有，有個會作回應和具詮釋性的核心，而這核心形成一個這些力量可以在其上起作用的中心——溫尼考特（D. W. Winnicott）的中央自體（central self）或科胡特的核心**自體**（nuclear self）。我不會把中央核心自體看成是那有別於自我的實體，反而從客體關係理論的角度和語言來看，我會認為它是那個在經歷中的人的核心。使用「自體」這個名稱，就是強調從自體的客體關係浮現出來的、那條由經驗而產生連續性和詮釋能力的線。使用「自我」一詞，則是強調有一組力量匯聚點凝聚起來，要求調解和妥協。因此，在詮釋學上說，我這樣使用那兩個名詞，會有助維繫力量和意義這兩套語言。

心靈一詞在這裏被當作一個神學名詞來使用，它所指的是自體的中央核心，而這中央核心是受塑於兩股力量，其一是自我的衝突力量，其二是自體在神內的終極源頭。心靈是神所賜的禮物，是神將生命氣息吹進人鼻孔裏時賜予人的。因此，那是從一個終極角度去看的自體，包括了其自我衝突在內；從那角度所看到的是在神的生命裏得到養育和支撐的自體。

在某種意義上，所有三個名詞——自我、自體、心靈——都指向同一個實體，即個人生命的中央核心。因此它們不是分開的實體，而是一個實體。然而每個名詞都從一個不同的立場、一個不同的語言結構出發，指向同一個實體。牧養輔導員的其中一個主要任務，就是清清楚楚地保持那些立場獨立分開，卻又在功能上把它們維持某種的合一。若能一貫地以詮釋學的名詞來思想它們，即每個名詞作為詮釋的結構都表達一個相關的但不相同的詮釋模式，這就會對那個任務大有幫助。

還有另外一個名詞，是近年愈來愈多人用來指個人的中央核心的，它就是**身分**（identity）一詞。我已引述過自我心理學家艾里克森（Erik H. Erikson）和神學家莫特曼（Jürgen Moltmann）他們兩人對這個名詞的用法。「身分」一詞在心理學圈子頗為流行，而且也有技術上的用法。在流行文化中，身分獲得廣泛的使用，以回應現代生活那種多元而私人化的社會狀況。身分指明：自體的努力，為要在一個若非如此便會變成四分五裂的狀況之下，維持某程度上貫徹始終的態度、視野、反應。艾里克森在使用該名詞時，帶有一種較為技術性的意思，那是關乎一些特性的某種組合，而那些特性給予自體一種連續性和自體不變（self-sameness）的意識，是透過人生循環中那些不斷更換的環境和常常改變的任務而給予的。因此，對艾里克森來說，身分指向某種有氣質的風格，而個人的自我在這風格中，作出感知、評價、推理、妥協和選擇的工作。在這種心理學的用法上，身分既是一個個人的企劃，亦是由那人生命中一些重要人物所賦予的。

莫特曼使用「身分」一詞的方式，比艾里克森的用法，較少一些心理學上的技術性感覺。然而，莫特曼就教會與自體的弔詭身分所構思的概念，就強調身分在本質上是被賦予的。那埋藏於歷史裏面的身分，與終末的身分（eschatological identity），都是人接受得來的：一個來自人生中的歷史境況，而另一個則來自教會或個人在將臨的神國中之參與。有趣的是，正如在流行用法和艾里克森的自我心理學中所見的情況，莫特曼也同樣強調背景（context）對身分的重要性。人的歷史性（historicity）會為背景創造出某種規定性。不論好壞，那個處境會大致決定我們是怎樣的人。但是從神學方面來說，莫特曼還有另外一個背景：神國將會成為實在的這個背景。正是這個背景，為人生，包括自體的生命，緊握著此後轉化的可能性。

為著我們在詮釋學上的牧養輔導理論，在使用身分一詞時，我會包含著其在心理學和神學兩方面的意思，這大多與賦予和背景這兩方面的強調有關的。因此心靈生命大致上被看成是關乎自體的掙扎，為的是自體那歷史性的、社會的背景所賦予的身分，以及藉著參與將臨的神國而被賦予自體的那個身分。

對於一些讀者，這一段頗為長篇的分析，闡明那些指向人類個體性（human individuality）的中央核心的名詞之種種不同用法，或許似乎過分詳盡。在平常講話之中，我們所討論到的名詞可能在使用上真是不經意的，甚少留意到它們來自怎樣的語言世界，或者它們之間存在著甚麼細微差別的意思。但是如果牧養輔導要真正成為一個跨學科的活動，而並不僅是一種鬆散的折中主義，那麼我所做的這種細分工夫，就必須常常做，至少要在理論省思之中做到。如果人想對牧養輔導的職事工作有清晰的定位，那他或她就必須對概念的形成和語言的使用有清晰的理解。

理解心靈生命的三個進路

現在我們要轉到另一項任務：擴展自體作為詮釋者

的範式形象，以超越自身生命的開端；那範式圖像是我從客體關係理論取來的。在人的發展過程中，詮釋工作是怎樣進行的呢？自體是以甚麼形式去維持一條存在的路線，並賦予它意義的呢？所有影響著自體生命的那些能動力（dynamics force），是怎樣因自體所形成那一套穩定的詮釋模式，而受到控制和被賦予意義的？我們應怎樣理解自體的詮釋學，而自體的詮釋學又應在哪些意義上，可以被視為對心靈生命——這心靈生命在神學上被視為自體因歷史性和終未身分而有的掙扎——所不可或缺的？

我們考慮這些問題時，第一樣立即顯而易見的是：一般來説，如今普遍有關人類發展的理解中，很大部分都應成為我們思想的參考背景。艾里克森擴充佛洛伊德（Sigmund Freud）的發展範式而作那具發展性的研究，肯定在這個背景居中心位置。關於成長階段的概念、隨著那些階段而來的困窘，以及因妥善應付與階段有關的困窘而得到的品德或優點，全都有分造就一幅多面貌的圖畫，它展現出一個普通的發展過程，是由某些特定文化、一個文化內的子羣體、個別家庭組合，以至個體自己，來賦予獨特的形狀的。[1] 同樣地，信仰和道德發展的理論，在考量人類發展的背景上，增添有用的範圍。[2]

然而，若從自體的詮釋學和心靈生命的立場來研究這些問題，一套頗為不同的考量就會走進我們的注意力範圍中最觸目之處。雖然我沒有打算做到鉅細無遺，但我會在三個大標題之下著手處理這些考量：（1）自體的詮釋學在心靈生命中的辯證；（2）自體的詮釋學在心靈生命中，就時間的三個層次而出現的形塑和轉化；（3）自體的詮釋學在心靈生命裏的敍述性質。

在上一章我們已看過，那促使嬰兒展開詮釋行為的必要性，怎樣從自體在世上新處境的張力中冒出來。嬰兒的需要愈來愈不能得到即時解決。自體與育兒人物之間開始出現隙縫。渴望與現實之間產生張力。

當嬰兒漸漸長大，進入童年，然後進入少年和成年，種種張力就變得愈來愈複雜；那些張力包括：渴望與現實之間的張力、需要與對需要作有限度回應之間的張力，以及科胡特稱之為抱負與理想之間的張力，並且真實生活上那不勝枚舉的張力。自體對其所身處的處境作詮釋的必要性和角色，就變得愈來愈大和複雜。掌握語言的使用，以及自體的客體關係被擴展到超越那些與育兒人物之間的關係，這都使詮釋工作變得更加複雜、更加多可能性。對關係的意義和關係性的要求及期望作詮釋，這在保持自體意識上就扮演愈來愈大的角色。某種詮釋或詮釋的模式——自體藉之來詮釋源源不斷的生活體驗——就開始浮現出來。

我在這裏說的，當然不是一個高度自覺的、經過深思熟慮的，而且純粹智性的過程。雖然人的認知能力擔當著一個重要的角色，但是自體對源源不斷的體驗作詮釋的核心，卻是深植於自體的感情和想像生活裏，即是那種具象徵性、幻想、正面和負面感覺的生活。引申溫尼考特所用的語言，詮釋所具有的作用是維持和鞏固那繼續存在的路線；在自體運作的所有層面，那條線都給予自體那具連續性的感覺。生活的路線成為詮釋的路線——自體的詮釋學。在神學觀點範圍內，我會把那個過程置於心靈生命所有關係的中心。那麼，我們所面對的問題，就是要構思一個概念，以道出心靈生命是怎樣在自體的詮釋學中得到支持。

自體的詮釋學的辯證

我試圖用來理解自體（selfhood）的詮釋學的第一個標題，就是要提出，這是一個對立的過程，即是說，自體的詮釋工作是將力量和意義的幾個極（poles），維持於張力或對立關係之內。雖然自體在其生活體驗之中，以林林總總的形式和經常轉變的模式經歷這些辯證，但是為著方便分析的緣故，我會在圖一作一般性的圖式表述：

圖一　心靈生命的種種辯證

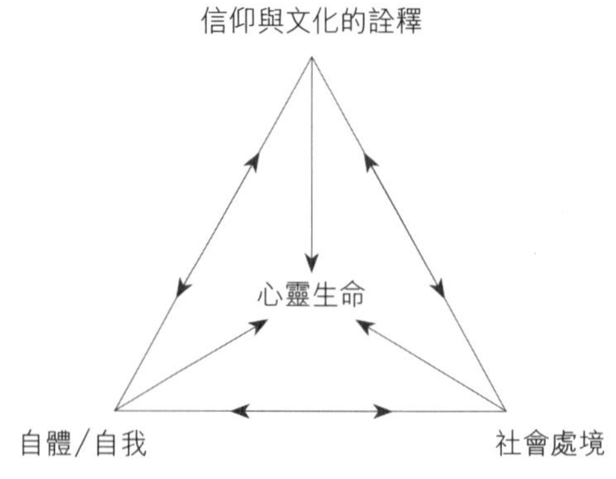

我在這個圖表裏用了一個空間隱喻來表明，那形塑心靈生命的力量/意義匯聚點，可被視為那來自個人生活空間裏的三大方向。當然主要的是那些力量/意義的結構，它們來自自體在心理學上的形塑，以及那些於發展期間浮現的自我衝突。它們包括了自體的兩極張力（科胡特），早期與好的、壞的自體—客體圖像鬥爭的沉積作用（克伯格），以及那些自我衝突的累積（艾里克森）。我看每個人都有一套或一組自體和自我的問題，這些問題給心靈生命裏的自體，提供了生活問題的核心。這個結構塑造出一種性情，以及一種有深刻圖案的自體—客體那關係性立場，而這立場對那個人而言，是屬性格學的（characterological）。在心靈生命中，這個力量/意義的向量（vector），既道出那人最祕密的及私人的迫切問題，又提供活在與世界相關的生命中所必須有的驅動力和渴望。

第二套力量/意義結構，從個人所身處的社會處境的領域進入心靈生命。我在這裏把一大批考量歸併在一起，它們包括了廣泛的社會文化處境（例如，美國中產白人或正往上爬的黑人）；較切身的社區、工作、伸延的家庭處境；以及與最親近的人在關係上那種親密的人際處境。自這方向而來的有：個人在關係上主要的窘境，對承擔的期望，以及因要符合家庭和團體那些詮釋及行為規範而產生的壓力。身分的賦予，以及抱負與理想的模效，起初都是源於這個力量/意義結構的關係的。

至於第三套力量/意義結構方向，我在圖一就稱之為信仰與文化的詮釋，它是那些研究人類個人行為的純心理學或心理治療的分析者所常常忽視的方向。從這個方向而來的，就特別是一些神話式和象徵式的詮釋模式，藉著這些模式，假以時日，在某個特定場所的傳統或生活方式便會被形塑。在信仰傳統和文化歷史那不間斷的過程中，那些被視為理所當然——如世上事物之所是或所應是——的意義，就逐漸被形成。它們不但提供語言，以賦予行為和關係意義，而且也在形塑個人對自體和世界的感知上，發揮強大力量。它們告訴我們，甚麼思想和行為應該被指為犯錯、有責難的意思，甚麼應得到讚許。它們為我們訂定關係應該是怎樣的，以及箇中原因。個人對自體和世界意識，很大部分是由信仰傳統和文化的詮釋所賦予的。

從圖一我們應明顯見到，力量與意義的這三個大方向，並非以分開的、互不連接的因素來進入心靈生命中。所以我在三個力量/意義組羣之間的每一面，都用了雙向的箭頭來顯示。這要表明的是，這個不斷互相影響的過程構成了人生，而心靈生命深埋其中，並得到培育和/或被束縛著。

牧養神學家們立即便會留意到，我並沒有同時把神的作為的力量/意義能力，或者人與神的關係，列作影響心靈生命的一個獨立方向。這個顯而易見的省略，其神學因由，可見於我對神學省思所作那種徹底道成肉身式的處理。正如我們在第三章已經討論過的，神的作為和關係那力量/意義的匯聚點，是一種能力，它有分參與所有對心靈生命所作的力量/意義影響中的。然而，我們必須承認，這個構思向我們所呈現的，是一個含糊不清和神祕的想法。神既是與一切受造物有別的他者，祂也在創造之中、在那力量/意義過程裏道成了肉身。以有關神的三一語言來說，基督教信仰傳統一直嘗試在創造中將那種合一性和獨立性，與那在動力和意義裏面的、並透過它們而得的多元化和參與，全都結合起來。

我要在這裏再次強調，在圖一的圖式裏面，心靈生命是一種不斷作詮釋的生活：一個將意義加諸行為、關係的生命，自體生活路線之保持，以及在心靈掙扎求存之中屢屢受到進逼的、自我對那些循環不息的衝突的宣示。心靈生命靠賴其詮釋的、詮釋的過程，將實際上無數往往是互相衝突的要求、期望、驅動力和渴望、情緒、關係上的承諾、意義和價值觀、觀點模式和看世界的方式等，全都在動態的張力中結合起來。

我藉著一個雙重標題——「心靈生命裏自體的詮釋學」——來指出，這個主要的詮釋過程主要指出兩樣東西：一屬心理學的，另一屬神學的。從心理學角度出發，藉著源於博伊申（Anton Boisen）的提示，我找到在自體的詮釋學過程之中自體的主要問題：把經驗連於觀念和象徵。從神學角度出發，我確認，心靈生命並非關乎人與神之間某些孤立出來的、與自體在世上的生活分開的「屬靈」關係。相反地，心靈生命與神的關係，是自體生命的重要成分，不管是在自體的所有其他關係之中，還是在自體於力量和意義交匯的那個連接匯聚點、因尋求整全而有的掙扎之中。這個對心靈生命的看法，假設有一位神，祂活躍於世上，在受造生命中道成了肉身，並在歷史中有目的地行事。

心靈生命與三個時間層次的關係

在我們考量心靈生命中自體的詮釋學時，第二個標題是關係到個人在三個時間層次中的經驗：人生週期裏的時間，人類歷史裏的時間，以及在神的生命結構裏有關受造物的時間——終末的時間。

圖二表述了這三個時間層次。為了方便說明，這個圖式會把每個層次逐個分別出來。然而，我們應該要記住，其實人生是在三個層次中同時進行，並同時要求作詮釋的。我們也要記住，一個人只會在某些時間才會對其參與所有三個層次有點察覺。事實上，有些人可能活了一輩子，也只曾短暫地留意到第二個層次對其自己生命的影響，而實際上卻完全沒有注意到第三個層次。然而，有少數人一輩子都不用天天在第一個層次上與時間對抗，至少也會偶爾收到第二和第三個層次的暗示。

第一個時間層次已經由艾里克森和其他發展理論家詳細闡述。[3] 在這個圖式裏面，那重點已放在為一個連續詮釋和再詮釋過程建造必要性上，那記憶和預期所能發揮的功能。

圖二 心靈生活與三個時間層次

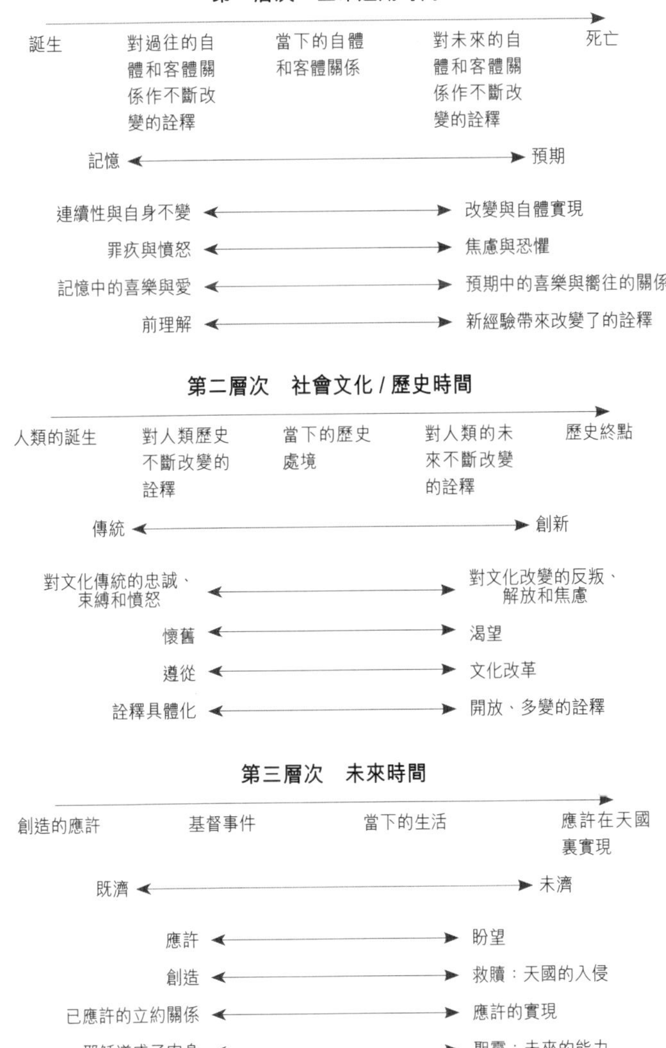

經歷中的目前一刻（present），總是在某意義上被視為過往的一個延伸和延續。只要那個經歷指涉自體，它就往往不是被詮釋為一件活出自體過往的身分、抱負、理想的事件，就是對往昔的自體的一個干擾或是與往昔的自體失掉連續。不但如此，當下的新經驗又影響到自體過往的詮釋及其詮釋立場，若不是順應，就是在某方面更改那些詮釋。事實上，人回顧其一生，在細想之下，似乎看到一個連綿不斷的詮釋和再詮釋的過程，一直在進行。在記憶中，比方在五歲或十歲或二十歲時，我看自己是個怎樣的人，以及在父母親眼中我是個怎樣的人，都有頗為不一樣的、具詮釋作用的看法。從當下這個年紀的有利位置來看，在那些不同年齡中，我那關係中的自體（self-in-relation）又附帶著一個不同的詮釋——是透過到目前為止由我的經驗所塑造出來的感知濾鏡而得的詮釋。因此，在生命週期的時間架構裏面，自體必須在其對自體及那些客體關係所作的詮釋中，不斷再作詮釋。在生命週期中的不同時刻作回憶或預期，那些事件和關係真的會有不一樣的意義。

然而，弔詭的是，當下的事件及至少在生命最初期的事件，確實保留著某些意義相同的東西，因為在無意識記憶的最深層，正如佛洛伊德所發現的，個人生命週期的時間是非時間的（timeless）。那些對於生命較早期事件和關係的詮釋，披上了某種有力的意義，以致它們成為意義模板，可加以用來詮釋新經歷的事件和關係。因此與生命週期時間有關的自體的詮釋任務，不僅包括於新經驗的亮光下再詮釋往昔對自體—世界的理解，而是在這樣做的時候，它在某方法上保存了意義那些最深層模式的能力。因此，再詮釋可以說是牽涉到意義的轉化。用神學詞彙來說，我會看這種迫切要重複自身—世界那詮釋的舊模式的行為，是莫特曼所稱的人類在歷史中的內嵌性（embeddendness）的一個方面。

在生命週期時間的層次上，人類的詮釋任務不只是回顧的，它還包括預視的能力和必要性。生命週期時間構造出老化過程的給定性，並且要求自體留意生命週期中某段將會臨到的時間。因此生命週期時間是從過去向前流動的，但是它也從未來向著當下流動過來的。所以，倘若記憶中的經驗包含了連續性和保持自體不變的重要性，那麼預視中的經驗就包含了改變和自我實現的重要性。對過去與未來的詮釋，提供了一個聯繫，把過去的罪疚和憤怒，與未來的焦慮和恐懼連接起來。同樣地，詮釋把記憶中的喜樂和愛的體驗，與預視中的喜樂和渴望的關係連繫起來。透過詮釋，記憶中的罪疚和憤怒有時會與對將來建立更良多好關係的渴望連繫起來，而記憶中的愛也會與焦慮的預視連繫起來。

生命週期時間最外面的界線，當然就是生與死的界線。這即是說，自體的詮釋學必須包含一些對生死問題的詮釋答案。我為何而生？我為甚麼要死？怎樣死？甚麼時候死？在人生命週期的不同階段，這些問題那相對的迫切性也有不同。年輕人會覺得第一個問題比較迫切。年事愈長，後面的問題也愈近面前。然而，對某些人來說，整個過程會返回原位，因為在他們年紀老邁時，他們會再次想知道自己是為何而生。在這裏我們瞥見，人類對於自體超越性的能力和渴求，怎樣驅使自體的詮釋超越生命週期時間的界限。雖然那個層次給自體那創造意義的任務，提供了最直接的背景，但是它也表明急切需要有一個更廣大的意義背景，以支持自體的詮釋。

誠然，個別的詮釋模式或可避過整套關於生死的問題。所有牧養輔導員都會遇過一些看來真的只活在當下的人。詮釋，倘若有的話，似乎都只是和當下的歡樂或痛苦有關的。我會好像客體關係理論家們一般，看這些人是患有自體分裂、發展不良的病狀，因早期自體—客體關係的失敗而受損，沒有能力建立一條有連續性的和一貫方向的生命路線。對於那些人，其需要的是要有一種關係，能夠讓客體保持不變，以致培養出一種關於自體在關係中（self-in-relationship）的初步基本意識。

在心靈生命周圍架起界限的第二個時間層次，是屬於社會文化或歷史的時間。在這個層次上，心靈生命被置於人類歷史過程中某段既定的時間之內。作為二十世紀後期的自體，其所建立的詮釋工作和可能性，與如在一世紀，或者十五、十九世紀中自體所建立的作比較，那分別就非常大。不僅是那些深遠地影響全世界文化的連串巨大事件，同樣地，我們這個時代的語言、象徵符號、文化詮釋的圖像，都提供一套非常不同的、社會認可的詮釋選擇，讓我們參與其中。在某個特定社會文化的時間及地域，其社會動力以隱晦而強勁的方式，衝擊個人的自體和自我過程，用某些方法來扭曲自體的抱負和理想，好能與其所身處的時代相一致。這些社會動力及其具詮釋作用的風格款式，滲進主要的客體關係層面有多深（好像，比方說，性與父母的保護對維多利亞時代的服裝〔Victorian fashions〕的影響），它們對自我能動力的衝擊和調整就有多大。

在這裏，我們又再遇上人類在歷史中的內嵌性這個事實。自體從事其詮釋程序時，並不是離羣獨居的，縱使其對心靈生命的體驗或許帶有私人思想、祕密意義、不情願說出的詮釋等氣氛。現實中，自體的詮釋過程，在社會文化/歷史時間的層面上，是個深切的社會過程。我們實際上嵌入一個意義和語言的生態之中，那是我們在歷史時間流轉中與同行旅客所共享的生態。

圖二對時間第二個層次的兩極所作的系統化表述，其做法與第一層次相似。文化傳統的連續性，與文化改變的創新，爭相為當下歷史處境中的生活，塑造某種文化詮釋上不確定的問題。正如歷史在當前文化的圖像亮光下，不斷被改寫，人類未來那集體的文化詮釋也在不斷被改寫。對文化傳統的忠誠、束縛及經常受抑壓的憤怒，與關於文化改變的反叛、解放、焦慮，爭相形成一種社會文化動力，而自體在其中透過其自己的詮釋程序，必須找到一個位置和一種四海之內皆兄弟的感覺。懷舊與對新事物的渴

求，彼此相爭；遵從與文化改革亦如是。自體在其自己的詮釋過程之中，不管自體意識（self-conscious）的意圖是大或小，必須培養一種詮釋風格；這風格位處於兩極之間的某點，一邊是文化詮釋模式的具體化，另一邊則是那可能欠缺社會支持的、開放及不穩的詮釋的風險。

在基督教視野之內，時間還有第三個層次，其內盛載著人類的個人生活和集體歷史：在神的旨意和應許裏面的時間。在圖二中，這個時間層次以終末時間作有系統的表述，是從人類終末的身分立場去看的時間。那用來量度這時間的，是神那與創造有關的行為，以及創造在神國裏得以完全實現的應許。

在這個時間層次上，過去的連續性並不純粹是在時間過程的當下這一刻，與未來的預視連接起來。過去的與未來的時間反而是在耶穌作為基督的那件事件中，更基本地、包含更廣地連接在一起。在祂裏面，人類歷史層面上的時間與在神生命裏的時間匯合，以致有個新過程在時間中發動：關於神將要實現祂在創造中施展大能和應許的時間。從那個時間起，天國的時間進入歷史之中。因此，當下的生活，乃是活在天國大能和應許道成肉身地進入歷史的這個**既濟**（already），與應許和大能最終將會實現的那個**未濟**（not yet）之間。[4] 我們對於在神的生命中生活的終末身分能夠提出多少權利，端視乎我們人類在生活中，對這個由時間層次的生活賦予我們的身分參與有多少。

在圖中所表述於終末時間層面裏面的動力兩極，是**既**

濟和**未濟**的動力——它們是神生命中的創造完全達至合一和整全這過程中的動力。它們一方面是神在創造中的行動、神所應許給人類那立約的關係，以及神在耶穌裏成了肉身這三種力量/意義的動力作用。它們為我們在當下反映出終末時間的**既濟**。另一方面，由於當下的我們也活在神旨意和應許之實現的**未濟**當中，所以我們活在對那個實現的盼望中，等待天國降臨時我們得到救贖。在這個**介於兩者間的**（in-between）時間中，我們靠著聖靈的大能而活，那大能就是未來的大能。因此，在終末時間層次的生活，預示著那在神生命的生態之中、與所有被造物相關的生活，就是基督教關於神和世界的敘事記述中所瞻望的生活。

自體的詮釋學的敘事結構

在我們考量心靈生命中自體的詮釋學時，第三個標題是關乎自體詮釋學的敘事素質。簡而言之，這意思即是，自體主要是靠將生活當成故事來詮釋，才能保持其本身作為自體的意識。每個人都有一個故事，是「我的生命故事」。那個故事常常以高度微妙的方式，把那些辯證的力量/意義動力——它們藉著過去、現在、將來所有時間層面的進程而造成自體的詮釋學——具體化。神學倫理學家侯活士（Stanley Hauerwas）有這個說法：

因此，故事就是一個敘事記述，以一個可理解

> 的模式將事件與踐行者綁在一起。我們說故事，不僅是因為它們提供一個更色彩繽紛的方式，讓我們把一件可以用不同方法說的事講出來；卻是因為我們沒有其他方法，可以盡顯智性活動的豐富——那就是有目的但非必要的行為。因為，凡是好的小說家都曉得，任何人類活動所牽涉的，都比能說出來的多。說故事往往牽涉到，我們為了得到一個自體，而企圖將自己做過的糊塗帳弄得明白易懂。[5]

自體能為與世界有關的自己，維持連續不斷的詮釋和再詮釋，其所靠的是這個非常私人的和獨特的——在某程度上是無意識的或前意識的——個人生命的故事。因為它以無意識的方式保留著自體與甚至最早期的生活經驗之間的聯繫，自體的故事本身帶有一種深厚的神話氛圍，反映出那個自體的現況或應有的狀況。因此自體的故事可以被看為：心靈為世上這個自體所編寫的神話。

好比一本經典小說或一個文化的神話故事，個人自體的敘事，常常以高度象徵化的形式，盛載著那些對在心靈生命中互相影響的深層力量所作的描繪。在心理學上，經過細心分析，這些力量可以被鑒定為自我的能動力，並且是自體的抱負和理想的極化力量。在另一個層面上，那些為同樣深入和微妙的社會文化力量而作的描繪，也可以被聽故事的人識認和鑒別出來；只要那聆聽者的耳朵已經調校好以收聽那個層面的動力。

然而，個別心靈那深層的神話式故事，並不只把那些曾經塑造和繼續塑造心靈生命的力量動態具體化。它們也把在自體詮釋過程中起相互作用的、那些常常互相衝突和矛盾的意義具體化。該等故事以種種不同程度的巧妙差異，呈現那些性格描繪，而這些性格是自體一直附加於自己生命中最重要的人物身上的。同樣地，自體自己的自體性格描繪（self-characterization）——那些假以時日便形成的、往往與關係中的自體對立的圖像——都在心靈的神話式故事中給表達出來。

科特（Wesley A. Kort）提出，所有敘事都至少包含以下的元素：環境或氣氛（setting or atmosphere）、佈局（plot）、性格（character）、腔調（tone）。[6]

環境或氣氛（科特寧取「氣氛」一詞）指在故事發生的處境中，那些造成給定性的整套條件狀況、可能性和權力。它們發源於某些「在人能夠更改、理解、控制的範圍以外」[7]之能力或具體意義。氣氛或者不僅包括時間和地點的界限，也包括某些價值觀或被認為應有的行為的給定性，若違反了這給定性的話，便有可能帶來罪疚感或指責。因此，氣氛就是那個必須照單全收的給定處境。

當牧養輔導員於聆聽別人的生命故事時，把耳朵調校好以接收氣氛信息，他或她就會立刻深深感受得到，那些被認為是理所當然的意義的力量，以及它們是如何的變化多端。如果人聽得仔細些，那人也會開始聽出某些關於情緒氣氛的暗示。有些氣氛將會是失望和不斷受傷害的氣氛，猶如那人曾經受騙，或者某些生活必須的要素給扣起了。另一氣氛則充斥著潛伏的怒氣及怨氣；再另一個則充滿羞愧和自我否定。更進一步的聆聽，卻或許會顯露出一種相反的氣氛：驕傲、野心，甚至是自體那超越一切起限制作用的力量的全能。情緒氣氛的所有這些方面，多少道出那人所活在其中的情緒氣氛 —— 該氣氛若不是對那人的生命和成長予以支持，就是在某些方面曾經加以抑制或者削弱。在兩種情況之中，觀察者都會以為那個情緒氣氛已被看作是理所當然的。

我們很多時會發現，那些自體故事隱隱然表露出那設想的氣氛的一個終極層面，它顯示那人對心靈生命所處的最終背景的感知。有些人以為那個氣氛基本上對自體友善、忠實可信，以及能容忍人的脆弱意志的。另一些人則認為，事情最終的氣候多是事與願違的，又或對心靈種種的煎熬視若無睹的。

自體的故事或心靈深處的神話，就好像所有敍事一樣，都具備佈局，它體現了故事的起始、連續的佈局，以及一個或多或少是不確定的結尾。實際上，細心聆聽每每都會揭示，那個生平故事的佈局層疊著對自體經驗的歷史那不斷改變的詮釋。問到某段故事佈局或自我形象是甚麼時候開始形成的，人們往往會想起過去某件事或某個時刻，以之作為開端。然而，進一步探討一些不是那麼容易被想起來的經驗，這就會顯示出在一個更早的時間，那故事佈局已經開始成形，並附帶著某些久已遺忘的意義，以及彼此存在微妙衝突而富象徵意義的事件。生平故事很多時也會出現兩個互相衝突的佈局，它們都爭著做主導，要成為生命的那個故事。乞丐原來是王子假扮的，這不只是在經典小說中出現的；失敗的生平故事或會包含一個反佈局，很多時以扭曲的方式，闡述出那打敗施虐者的勝利場面。最特別的是，生平故事的佈局，藉著將事件的簡單次序改變，以成為有意義和有方向的經驗，從而把時間人性化。在人的生活中失去對故事佈局的意識，就是失去作為一個自體的意識。

敍事的第三個元素是性格。在牧養輔導聆聽過程之中，這個元素或許是最難發現或領會的。如果牧者能抗拒誘惑，不將人定型，也/或不使用診斷的標籤，那麼對他或她來說，這也是最迷人的元素。生平故事裏的性格所指的，既是人自己的自體性格描繪，也是分配給生平故事中重要人物的性格描寫。性格描繪是想像與行為概況這兩方面的產品。它既在過去和當下的事件中被顯露出來，也在與自體及他人有關的象徵的揀選過程中被想像出來。自體的詮釋功能在性格描繪的發展之中，較在任何其他地方都更加活躍。在心靈的幽深處，自體的那些神話圖像互相競逐優勢，而其他重要人物的神話圖像則與自體的圖像互相影響，以形塑出人際關係的模板，讓自體用之來詮釋新和舊的關係。同樣地，自體會對那個終極理想的自體—客體作出詮釋，而透過這個詮釋學，對神的性格描繪便會成形：上帝是擁有無上權能而且時刻鑒定人心，是遙遠而漠不關心，或者是既親近又關心人間疾苦的。

關於敍事的第四個元素，科特會稱它為腔調。它是牧養輔導中一個診斷及預後（prognostic）的指標，而且漸漸變得極為重要。腔調，使人聯想到那敍事被講述的態度性質或立場性質。

> 腔調……有三個方面：材料的挑選、語言的採用，以及態度——態度有身體上的和情感—理性上的這兩方面意思。作者決定告訴我們某些東西，他會採用某種語言或者以某種方式來使用語言，而且對於他正在告訴讀者的事，他擁有或者採取某種態度或者某套態度。那當然，腔調的這三個方面並非各自獨立的事；它們在一個舉動中會同時出現的。[8]

牧養輔導員聆聽生平故事時，必須細心留意腔調的所有三方面。自體在其詮釋過程中，對大量的事件和關係，會選擇性地注意或不予注意。隨著時間，人會培養出一些習慣模式，以某些方法來處理人生經驗，以致給定的詮釋模式得到加固，而其他可能的詮釋則被忽視或否定。牧養聆聽者很快便懂得要常常質疑，人為甚麼會選擇把這一個經歷説出。刪去了甚麼和為甚麼要刪去？挑選過程會為故事製造出某種腔調。語言的選擇也如是。人所選用的語言是埋怨和指責的語言？還是柔弱和受害無助的語言？又還是用以表示決心、與命運對抗的語言？有些故事是以悲劇的體裁來道出的；佈局和腔調訴說著那無可避免的不快結局和敗仗。另外一些故事卻是以比較喜劇性的說法，有喜有愁，有怪癖和愚行，但都傳遞著一個會有好結果的期望。傳說、浪漫史、自白書，又或僅是文獻記述，都標示著另外一些個別心靈神話的敘事其腔調的特性。

情感和智性的腔調，對於挑選材料和語言都是同樣重要的。有些生平故事是在怨惱、憤恨和受壓抑的烈怒中被訴說的；另外一些則表達羞愧、罪疚和自貶。很多時，一些彼此衝突的情感腔調會以某種方式互相影響，這暗示箇中存在矛盾不穩的關係，以及希望正與絕望交戰。

在建立輔導關係過程中，牧養聆聽者要學習仔細留意，在生平經歷被娓娓道來之中，那些不時變化的腔調。如果那些變化以固定而巧妙地積極的方式出現，它們往往就是最早和最可靠的指標，顯示出心靈生命中有正面的改變。當然，相反的方向也是真的。腔調的改變若是持續地朝著負面方向走，這便標示自體的生命中可能有惡性的改變，這會造成在力量/意義動力中存在危險和毀滅的傾向。

以上就生平故事裏的敘事元素所作的反思，結束了我對那作為牧養輔導詮釋進路的基礎的跨學科理論所做的緒論。我引用了一大堆資料，它們有來自神學、心理學的客體關係理論、哲學詮釋論，以及最後，甚至文學評論。

我從每一個學術範疇挑選資料，都事必非常嚴格，這結果留下一堆問題和次要的議題，有待進一步研究解決。然而，我希望我已經為自體的圖像確立了基礎，道明自體是自己經驗的詮釋者，以及心靈生命就是那個場所，而自體詮釋過程必須在其中找到任何有可能的方案，以解決在神的生命這個背景之中，關於人類生存的力量/意義動力的問題。

我為這個理論建立好基礎之後，將會轉到討論在牧養輔導中應用這理論時所遇到那些方法論的問題。有些讀者可能已經頗為不耐煩，很想讀到更多具體的臨牀資料，以供檢驗這理論是否可行。我希望他們在第二部會找到一些他們一直在尋找的例子。然而，那呈現的風格將會繼續是關於理論形成的展現，而不是一本案例書的風格。我們的注意力現在轉往一個方法論的方向，專注於當牧養輔導被想像成一個詮釋過程時——一個對在心靈生命中自體的詮釋學作出詮釋和再詮釋的過程——那些會出現的可能性和問題。

第二部

詮釋學與牧養輔導

6 在自體眾故事之中喚起那個故事

我坐在書房想著如何撰寫這一章之際，心思不期然徘徊於無數回憶之間，想起首次與某人見面，坐在他身旁，聽他訴說為著某事煩憂。多少次，這些人的開場白都是指出，他們不曉得該從何說起。我會建議，他們覺得甚麼地方似乎合適或者似乎最容易的，就由那兒開始便可；但我的建議甚少能讓那人說得輕鬆點。有時人覺得關連和枝節太多，以致那人難以挑出重點來說。很多時人是以有關自體的問題作開始的；偶爾，問題卻是與另一個人有關的，那人的行為成了講述者痛苦之源。常見的是，所開始講述的那個故事，並不是他們想要說的故事，而是一個傷痛較輕、尷尬較少，或者似乎揭露不多的故事。有時那人雖已決心求助，但來到透露真相的一刻時，那人卻說不出話來。不過，人總有故事——憤怒的故事、悲慘的故事、失望傷心的故事、感到失敗和成功的故事、關係糾纏不清的故事。

當我沉思人們在展開輔導關係時所講過的所有這些故事，我便發覺，我所想到的所有這些場景，都有兩個共通點。首先，所有故事都用某種方式來述說，人對在生命故事上推進的渴求，感到挫敗。每個個案都帶有一種堵塞感，好像在為那人一生所寫的想像佈局中，前路受阻。人生碰到了障礙，又或在某方面遇到阻撓。雖然障礙或阻撓的性質變化多端，但是在那些與我建立了重要輔導關係的人之中，那種堵塞感看來很普遍的。

當我深思在我關於輔導伊始的回憶中的這個共通點，我便想起我所讀過的、有關詮釋問題的一些東西。正是當前路被堵塞時，我們就要提出或必須提出關於詮釋的問題。在人生路上通行無阻時，我們不會覺得有迫切需要去顧及怎樣梳理事情的意義。當生命路線受阻塞時，詮釋的問題就湧現。倘若事實如此，我們或可放膽地說，所有來尋求牧養輔導的人都有一個共通點，就是他們都在問一個基本的詮釋問題——一個關乎他們詮釋事情意義的問題。不是每個尋找牧養輔導員的人，都會自覺地提出關於詮釋問題。不是的，對這方面的自我意識，其程度有極大的落差。我要提出的反而是，每一個展開輔導關係的故事，都隱含著一個詮釋的問題：「這是甚麼意思？」

在我反思過去那些輔導關係的開端時，我意識到的第二件事是：在每一個個案中，當我聽著那些被娓娓道來的故事之際，在我腦海中所進行的——最貼切的形容——

是一種搜尋；我要搜尋的就是我所假設的那人的生平故事——它隱藏於被娓娓道來的故事之中，或者在其背後，又或在其掩蓋下。我搜尋的是一個敍事佈局，足以讓我識別為敍述這人生平的主要版本。如果我對於自己輔導的那個人其自體的故事能夠有所理解，即使起初只是一種直覺的，我就可以取得一個立足點，就該怎樣回應這個人，作恰當地解答。只有在我開始對那個被娓娓道來的故事其裏面的敍事有所理解，我自己的詮釋問題——該怎樣詮釋那人向我講過的話這個問題——才得到解答。不但如此，我又因此可以開始詮釋從那人接收到的非言語信號——手勢、面部表情、姿態、語氣等等。

對於那些關於輔導伊始的回憶，我所作的第二個反思提示了，自體詮釋學的敍事性質與輔導員首項的詮釋任務之間，存在某種對應。正如個人的自體藉著敍事或層層疊疊的生平故事來維持其對作為一個自體的意識，牧養輔導的起步階段也是關乎聆聽那個臨在於求助者所講的故事中的自體故事。

於此我們必須提醒自己那個對詮釋過程所作的分析——它是第二章曾經提及、由伽達瑪（Hans-Georg Gadamer）傳授給我們的。牧養輔導員在首次與別人的自體故事相遇時，他或她並不是空手而來的。他或她反而是帶著某種前理解（pre-understanding）而來的；那塑造這前理解的，是輔導員自己生命之前所經歷過的詮釋過程，包括尤其是從以前輔導經驗所殘餘的理解。某些信號，不論是言語的或非言語的，都給附加上某些意義。這些意義已漸漸附加於某些對自我衝突動力的構思之上，從而造成一種成見；但凡有給定的故事和關於關係的主題存在，就可能有衝突動力的給定模式的存在；而這一切又端視乎牧養輔導員的輔導經驗深淺而定。不但如此，輔導員思想上會特別留意某些偏見(我在這裏用這個詞，是照伽達瑪所用的、不帶貶義的意思)：重大的社會動力是存在還是不存在。正如伽達瑪所強調的，在容許這些前理解於輔導員的思想中「蕩漾」之餘，人務須謹慎不容它們阻塞輔導員的注意力，以留心他者的故事那些真正新的和獨特的、前所未見而只此一次的素質。

事實上，讓牧養輔導員能夠用嘗試理解的眼睛和耳朵去專注於求助者的故事的，就是這些前理解。然而，資深牧養輔導員懂得善用那些聯繫——自己的眼見耳聞與前理解之間的聯繫——所發出的信號，不是將之視為將所有他者透露的新鮮事全硬塞進去的模板或模型，而是將之視為他者事實上可能之所是的一些柔軟的、暫時的圖像。用伽達瑪的語言，我們所尋求的並非有關別人真相的一些非歷史性、客體化表述，然後把它當成「事實」或真實的詮釋，再強加在不安者的錯誤詮釋之上。相反地，繼續沿用伽達瑪的詮釋理論的脈絡，我們所尋求的是理解視界的融合，以致輔導員能夠進入不安者的力量/意義世界——他者對自己生平故事的理解視界——從而擴張和啟發兩者的理解。其中藏有盼望，就是求助者與助人者兩人的生平故事都可經歷更新轉化，雖然牧養輔導在其本質上是主要專注於改變求助者自體的詮釋學。

牧者正是透過對牧養輔導過程的開端挪用這個開放式的看法，方會珍惜在一段新的輔導關係上那難以避免的焦慮。那種焦慮示意，真正新穎的和可能起轉化作用的事情或要發生。我在經驗中漸漸學會深深珍惜能夠挪用基督教對聖靈工作作三一式理解的時刻，也是在輔導的這些最早期時刻。我對於自己作為牧養輔導員的前理解——我的耳聞目見和我的尋索——與他者對於問題之所在和其對所需要的東西的前理解之間，存在著一段差距，而在這差距裏面，就是我們會預期聖靈或在其中積極動工的舞台。

一個關於開始牧養輔導的例子

素珊．格拉克（Susan Clark）來電預約的時候，她介紹自己是從前接受過我輔導的人的朋友。她說一直有些「家庭問題」，甚感憂鬱。她的友人建議她找我。我表示願意見她，「看看我們能不能一起更好地理解問題之所在，而且一起決定是不是認為我能幫忙」。我們約好時間作第一次面對面的談話。

在第一次約見之前的一段時間，我發現自己想著素珊的朋友的事，即我從前的那個受輔導者的事。我輔導她也有一年多的時間，她內心的掙扎是她深深渴望能獨自過活。她已婚，有兩個孩子，卻感到焦躁不安，覺得受囚禁。我們揭開了好幾個令她焦躁不安的原因，有些是環境使然，有些則與她自己的歷史有關：她是她那對處處照顧她的父母的「乖乖女」，大學畢業後她便嫁了一個同樣對她照顧有加卻又有點被動的丈夫。輔導為她的生命所打開的新故事，是個靠自己但充滿自由的歷奇之旅，很多時險象環生，有時又反覆無常。有一個時期她甚至離開了丈夫和孩子一段日子。不用說，她還經歷過一些深深因罪疚和反叛而有掙扎的日子。我扮演的角色主要是肯定她想獨自過活的渴望，以及作為她詮釋對談的伙伴，陪著她揭開一些她與父母和丈夫糾纏不清的事，同時和她一起尋找方法以幫助她為自己的生活設限。

我在等待與素珊首度會面期間，所有這些關於從前與素珊的友人共度的經歷，都在我腦海中閃過。我隱約記得，當時我還忖度著，究竟我所熟悉的從前那個受輔導者的生平故事，與我將會聽到的新故事，會有甚麼不謀而合的地方。我傾向認為兩者之間會有關聯。在那次來電對話的語氣中，有些東西已告訴我，其中蘊藏著焦躁不安和失意。但我又懷疑，這會不會只是我自己的成見——一份我正帶進這段還未開始的關係裏的前理解。

我對素珊的第一個印象是，她是一位四十來歲的、稍為豐滿但很好看的女士，她看起來有點兒疲憊及感到不耐煩。她一開口便說，她真不曉得為甚麼會來見我；她應該可以自己應付得了。我馬上認出在我與素珊友人的關係中那個熟悉的主調：想獨自過活但又隱隱然感到內疚，也許還因為要倚靠別人而感到不忿。我的前理解得到初步確定。

「我真不知道自己怎麼搞的！我知道自己不快樂。我應該快樂的。我有份好工，可以跟合得來的人一起工作。我有兩個乖孩子，儘管其中一個要上特殊學校。我的丈夫——這個，我們相處得還可以，不過就是從未達到我真正想要的程度。」跟著她就是流淚和道歉。

素珊這一段簡短的、充滿淚水的陳述，給了我幾個重要線索，以看出她當前壓力的性質，以及她的生平故事中一些可能存在的敍事主題。她已經開始說出她不快樂的地方，是與一種強烈的責任感緊緊相連的——「我不快樂。我應該快樂的。」這是她生活中一個深層的神話式主題，還是對當下的壓力一個較表面的反應？我的前理解告訴我，這有可能是前者。她的不快樂和責任感，馬上與她生命中三組重要的關係連接起來：與她的同事，與她的孩子，以及最痛苦的是與她的丈夫。我特別留意到，她提及兩個孩子中有一個需要上「特殊學校」，有一刻我好奇地想，她會不會覺得自己對那個孩子有甚麼特別「應負的責任」。我忖度，「從未達到我真正想要的程度」，這是甚麼意思。那聽起來是個更長篇更複雜的故事。我又想到那些淚水；它們在暗示一個悲慘痛苦的生平故事嗎？抑或它們更是因挫敗而有的憤懣之淚？是一種控訴？我所見所聞的背後，是個怎樣的故事？我在那個故事之中擔當甚麼角色，又或者說，她來找我這個**牧養**輔導員，這在故事中有甚麼意義？

在這裏說出某一段牧養輔導關係開始時的一些情況，我是想表達，在某種情況之下，譬如我頭一次見素珊時，牧者的第一項診斷工作，就是開始聆聽，然後拼合出一個條理清晰的敍事，道出一個根據那人自己的詮釋而湊成的生平故事。正是這個敍事，能夠提供一道門，以進入那他者的心靈生活世界。那個故事極少 —— 如果有的話 —— 是以直接、完整、已經完結的形式被說出來的。事實上，那人可能從未想過，莫說講出來，那是個有條理、有架構、有佈局的故事。那人和聆聽者每每都會覺得所講的是充滿了零碎事件、主題、模糊的關連、象徵式圖像。儘管是這樣，我仍然可以假設，那樣子的敍事確實存在，又或那人的確活出這樣的敍事。這個故事具體表現了自體怎樣詮釋自己的生活。在這個故事的中心，存在著那人心靈生活的一些深層議題。

到我和素珊的第二次面談接近尾聲時，她生平故事的佈局骨幹開始呈現出來。那時候，她已經告訴我，由於次子有中度嚴重的學習困難，所以她必須做兩份工，一份是在繁忙的辦公室裏當文員，另一份則是當教會詩班指揮。傑米（Jamey）一直無法追上一年級同學們的進度，所以過去四年都在一所私立特殊學校就讀。學費每月四百元，而學校離格立克家有二十五里之遙，座落於都會邊緣的一個正在發展中的前度農村裏。素珊在學校附近找到工作，她的兩份薪金用來支付學費和每天的交通費，而所剩餘的小量金錢則用來給格拉克家的大女兒去學芭蕾舞；這個大女兒是個聰敏、早熟的十三歲女孩。

兩份工作都不是太重。素珊既喜歡文員工作，也愛她的音樂工作。素珊年幼時已經受母親的薰陶，被冀望能在音樂方面有一番事業成就，而這份音樂指揮的工作可算是一種象徵式的延伸。然而天天大清早五點起牀，餵飽一家人，七點十五分前便要帶著傑米進城，下班回來照料一家四口後又要趕往詩班排練，這種生活十分磨人、沉重，有時又覺得前路漫漫，好像看不見盡頭。

我聽素珊說著這段故事的時候，再次驚覺那個關乎責任和渴望自由的主題。我認為，素珊甘願為自己舖排這麼忙碌的日程去做工和照顧孩子，是值得深深敬佩的；但我又感覺到，她語氣中隱含的一股怨忿，似乎與其說是衝著孩子而來，還不如說是衝著她的丈夫和——有點兒奇怪的是——她的母親。她母親很早便出現在我們的談話中，那時素珊正訴說著她情況的「實情」(facts)。看來素珊父親於兩年多前從底特律(Detroit)的企業職務上退休後不久，就曾經跟素珊的母親而來，一起探訪過格立克家。結果雙親決定搬到南部來，避開底特律的嚴冬。他們在離素珊的家幾條街之處買了一所房子，「好近外孫們一些，以幫輕素珊一點」。素珊女兒放學後有外祖母「照顧」，外祖母開車送她往返芭蕾舞課。如果傑米病了，不能上課，要留在家中，也有外祖母照料。

素珊對母親的描述馬上吸引了我的注意。不久我便明顯地看出，她與母親的關係是她人生中的主題。她所描繪的母親，是個強勢的、具支配性的女子，她對格拉克家中的每件事都有意見，還使出渾身解數要把自己的意見加諸各人身上，尤其是加在素珊身上。但母親一直是真心幫她的，而且她認為應該做些甚麼的想法，通常都是對的。有時素珊太倦了，她母親便替她打掃房子；有時格拉克家財政緊絀，她甚至借錢或送錢給他們。她的幫助確是解決了燃眉之急；但是素珊感到深深不忿的是，她覺得母親長久以來操控著她的生活。素珊父親一直也幫她很多，但他沒有強行要以控制她的生活作為代價，好像素珊感覺到她母親所做的那樣。父親愛傑米，他們兩人可以快樂共處好幾個小時。

素珊訴說著她與母親之間的問題，當來到某一點，我使出了一著，為要把那個正冒出頭來的主題具體化一點，我提出一個有關較早期歷史的問題。素珊與她母親是不是一直以來都是這樣相處的呢？那條問題引來一些有趣的資料。素珊是獨女，而且是領養的。素珊母親不能生育，於是在襁褓期間便收養了素珊。雖然素珊承認在其童年時對她母親有很多幻想，但是她對生身父母所知不多。好像很多被領養的孩子一般，這些幻想關連到她對養父母的所有不快感受。我屬於哪個地方、我是哪個家庭的成員？顯然對素珊來說，這一直經常是個模糊的、關乎背景的問題；當她壓力大的時候，這問題就變得更加引人注目。

素珊的故事來到這一點，我的前理解的一些深一層的方面在我意識中升起。我開始與整套早期客體關係理論——就好像第四章討論過的那套理論——關聯起來。我聽到的資料，可就能夠領我走向素珊那焦躁不安的人生旅程的起點？她生命的核心議題，可就是自我的一個貧瘠意識的問題，要追溯到她生命極早期、作為那個被遺棄、然後被收養的孩子？現在和我打交道的，是不是一個迷失了的心靈，在世上從來未真正有過一種安在家中的感覺？我問素珊，她還有沒有甚麼其他童年早期的回憶。

關於素珊與養父母關係的，而她能夠很容易記起的那些回憶，是好壞參半的。她深深仰慕並仿效母親對家庭和責任的忠誠，但她說，她並不認為自己和母親在情感上曾有過親密的經驗。「我從來都不想她觸摸我。」（這是一個我後來跟她母親談話時得到證實的回憶。）據素珊說，母親對她期望極高。素珊年紀很小就被逼去學鋼琴。她清楚而痛苦地記得她憎恨練琴，而且在練琴時她母親站得很近。母親慫恿她在大學選修音樂，還為她安排以音樂為職業。她為了要擺脱母親的影響，出走到國內另一角落，之後她便嫁給她的丈夫。「我想，我嫁給他是為了不用回家。」

到此，另一個連接當下情況與過去生活故事的關連出現了。素珊開始帶著極大的焦慮和一種隱約讓人感受得到的羞愧，向我説出，她曾為了「青少年時那惟一的真正男友」而和母親衝突。那男孩是個天主教徒，而她母親卻是個堅定的信義宗（Lutheranism）會友，所以她母親反對他們交往。

母女爭持，結果母親勝了；她與男孩的關係結束了。

我聽著這個順服母親意願的老故事，不期然想到為甚麼素珊要選擇向我說出這一段往事。當下的情況（母親就在身邊，處處插手幫忙）與記憶中母親在她學習鋼琴時守候在旁，兩者之間的關聯似乎明顯不過了。這進一步證實了我的前理解是對的：她渴望自由卻又擺脱不了對母親的倚賴，因而她感到挫敗。但是她說到失去男朋友的故事時，似乎夾雜著過多的怒氣和痛苦，這不像僅僅是母親的另一個霸道例子。有沒有可能，母親在那件事上也有些做對了的地方？

那個關聯很快便清楚可見。原來素珊打電話給我之前幾個星期，她突然收到一個失去聯絡很久的愛慕者的來電。他出差路經這個城市，一時衝動，從機場致電給她。結果是後來路經本市時，他倆曾兩度在旅館作浪漫的短暫相會。如今，她每天在辦公室都接到他的長途電話，而且她正準備安排在兩個家之間某個城市來一次較長時間的相聚。素珊向我透露這些時，她表現得十分內疚，卻同時又帶著某種反抗的神態。「我知道這種事我想也不該想，但是我已經厭倦了這種勞勞碌碌的生活！我要自由！」

她訴說著她與少年時的情人重聚，也同時正在說著一個婚姻不稱心的故事。素珊和丈夫的性生活從來都不如意。他的觸摸叫她噁心，就好像她幼時對母親的觸摸所感覺的一樣。丈夫要求性交，她只是盡本分地應付過去，但是她就愈來愈不願意，次數也漸少，特別是過去幾年。我記得當時我曾經想過，這種婚姻關係的日漸疏離，是否與雙親從北部搬過來有關。另一方面，她與舊男友的性行為則是「絕對妙不可言」。「我現在才知道這些年間我錯失了甚麼！」細聽之下，這個愈來愈熟悉的主題——責任與渴望之間的衝突——在我心中起了新的轉折！

另外一些說及素珊丈夫的故事，開始讓她對丈夫的性格描繪具體化起來。最近他辭去了一份雖不是最優薪但薪金不差的會計工作，好能出任銷售部的一個職位，而素珊覺得那份工作要求他更為進取的程度，並非他能力所及。她說她丈夫是個誠懇穩重但乏味的人，他對自己父母和素珊父母的倚賴，都是多過素珊所想要的。不過如果她真的有需要，她又一定可以靠他去解決，而且他一向「對孩子很好」。這裏我發覺，似乎在素珊對丈夫的看法和她對自己父親的形容之間，有著一種關連。

雖然我只說出在輔導素珊時的故事的開端，但是這一章的目的要求我們在不完整的地方，停止詳述這個故事。現在我們要進一步反思這個個案的細節，利用它豐富的質料去考量，牧養輔導員與好像素珊的那些不安者，在心靈生命的層面進入詮釋對話時所遇到的困難。

如果我們可以與我起初幾次跟素珊會晤的即時影響保持足夠的距離，以反思我對所接受到關於方法論的問題，那麼在一些議題中，其中首先湧現的，可以被視為是「事實」與「詮釋」之爭。牧養輔導員怎知道在素珊生命中所真正發生的是甚麼事？何況，既然我們即時面對的是現在發生的事和過去發生在素珊身上的事，兩者之間有明顯的關係，那麼我們又怎知道當時真正發生的是甚麼？那些問題是關乎真正正在發生的事或者曾經發生過的事嗎？抑或我們關注的僅是在**素珊對那些事件作詮釋時**，正在發生或曾經發生甚麼事？我輔導她的目的是要改正她的詮釋，例如，素珊在記憶中母親對她所做的種種行為；抑或，從另一方面來說，是證實和確認那些詮釋？「真的詮釋」是有可能，甚至是有必要的嗎？從這段關係最早的開端起，關於牧養輔導的目的，這個問題經已被賦予特定的模樣。

從詮釋學角度來看，在我們手上有關素珊其苦惱處境的資料，看起來差不多完全是被她的詮釋所渲染的資料。關於她的處境的事實，全都是已被她的詮釋塗抹過的事實。她生命中的事件都已被交織成一個詮釋網，是如今在生活中她體驗到的、難以應付的給定現實。作為她的輔導員，我要面對的問題是，這個已被詮釋的現實，究竟是真的還是假的，是對的還是錯的；而打從這段輔導關係最初的時刻開始，我亦已經要著手建構一個詮釋。我在上文評論過我的前理解怎樣運作，這些評論顯示出，這些詮釋本身怎樣在背後隱藏一段經驗歷史。詮釋是真是假，這個問題揭露出它是一個須小心處理的問題，它是被輔導者和我本人的詮釋歷史所堆積而成的。[1]

牧養輔導員回應這個問題時，會被兩個不同方向所吸引，但這兩個方向都不能充分利用那由我們帶進這任務的詮釋視野。一方面，輔導員或許被引向一個擬似科學化的方向——追查「個案的實情」。她的母親究竟現在和從前是個怎樣的人？她丈夫真是如素珊所說的是被動、無鬥志的？感知有沒有給歪曲了，關係有沒有被加以詮釋，好能符合素珊對事情的描述？在素珊上鋼琴課時，或者在素珊青少年時談戀愛期間，究竟發生了甚麼事？素珊和她丈夫之間其實發生了甚麼事？「告訴我多一些，好讓我能夠做個正確的詮釋。」

如果採取這個策略的話，那隱含的目標似乎就是要揭露事實的真相，好能作出「真確的詮釋」以「更正」為素珊帶來沉重負擔的那些錯誤或使人軟弱的詮釋。事實和詮釋一旦達到和諧，人就可以靠賴一份真理解的說服力，以帶來關係與行為的改變。當然，這個進路有可能發展成一種非常微妙而複雜的搜索，追尋有關過去在發展上的經驗中那些殘餘動力的內在「實情」。那搜索的形式可以是一種考古學式搜索，尋找隱藏的記憶、遺忘了的事實，以及無意識的力量。

另一方面，有些牧養輔導員會被吸引向一個頗為不同的方向。個案的「事實」只被視作為次要的，比不上素珊對它們的詮釋那麼重要。素珊需要的是接受和肯定——至少在她心目中，這是她母親或丈夫從未真正給過她的。這就是羅杰斯派無條件積極關懷（Rogerian unconditional positive regard）的策略——以受輔導者為中心的輔導，不問她對經驗的詮釋是對或錯。「你覺得……」「你認為……」「你想……」。在這個情況下，基本的信任似乎是放在不安者其固有的能力之上，只要有適當的接納氣氛，他或她就會對自己的情況達到最接近真相和最能啟發想像力的理解，並會得出將來活在那種情況下的最好方式。

引用利科（Paul Ricoeur）的力量／意義語言，這兩個吸引牧養輔導員的方向，各自可被看成是那個辯證張力的一極，頭一個方向朝著力量的語言方向走，第二個朝著意義的語言方向走。第一部所作的分析會導致我採取一個立場：單有這兩個可能重點的任何一方，都是不夠的。牧養輔導必須不斷將力量和意義這兩個語言，保持在張力之中。它們指向單一動力的兩端。真正要理解一個人的處境，就必須同時顧及力量和意義、已發生的和正在發生的事，以及怎樣詮釋已發生的事。在方法論上，於牧養輔導的起始階段，好像我在素珊的例子中所描述的那個階段，人應怎樣做得到呢？

讓我們利用上一章討論過的在心靈生命中自體的詮釋學的標題，來反思素珊在第二次會談臨結束時所給我的資料，從而處理那個問題。因此我們先採用心靈生命那辯證的三角形圖式，來考慮素珊所說的話。當我們從那個圖式的不同視角去看素珊心靈生命的深層議題時，有甚麼試驗性的印象是我們可以憑直覺知道，或者用一種輕微聚焦的方式便有系統地說明的呢？

從自體／自我匯聚點的向量（vector）去看在這兩次面談中素珊所訴說的事情，我們即時有的印象是，種種蛛絲馬迹披露出，她長久以來可能難以維持對自體有足夠的意識，並且顯示出她的自我衝突所可能落在的狀況。她是被收養的，這個結實有力的事實，顯然自她孩提時期起已經一直都是她的心病。最叫人吃驚的是，她暗示，在她最早期的記憶中，她都覺得很難接近母親，也不覺得和母親一起很安全(「我從來都不想她觸摸我」)。我已經說過，在素珊告訴我這些資料時，我立刻便聯想到客體關係理論。後來她對丈夫的觸摸也同樣感到反感，而他的觸摸所傳遞的性愛要求又令事情變得更加複雜，這在在強烈地表達出那些未解決的早期客體關係衝突，以及她與丈夫和母親的無意識關係所存在某種奇特卻仍模糊不清的聚合，都一直持續下去。一個深層議題開始隱現輪廓：既渴望親密貼心的關係，但又對與最親近的人的關係感到焦慮。

素珊至今所分享的，還隱藏著另一些關於自體/自我衝突的線索。她已揭露了自己深深對生活上在罪疚和欲望之間的矛盾而感到自苦。雖然她目前經歷的內心鬥爭帶有一抹性愛色彩，但我們仍可感覺到，這個問題已經滲透她生活的其他範圍：她為了渴望自由而內疚，又為了對需要求助感到自責而內疚。到了這一刻，議題似乎已經不再是關於性的問題，而是關於在關係中的親密、自我表達和誠信的問題。

我們的兩次談話揭露了那個衝擊著素珊心靈生命的力量和意義匯聚點；那些力量和意義來自社會情況的向量，而且被揭露為她那些既強烈也有加固作用的自體/自我衝突。每天的營役——工作、往來交通、消費、為孩子所作的犧牲，加上父母就住在附近，而且丈夫的工作職位不穩定——都造成一個要素珊長期承受現實壓力的社會情況。那個狀況充滿要她負責任的氣味。在很多方面，她形容自己的生活為單調的工作，這其實也不是不準確的。同時，她父母協助照顧格拉克家孩子所應得的——若非必要的——珍重，這都使她那深深渴望擺脱母親具指導性關顧的心願，更難達到。素珊覺得自己身困籠子之中，這並不完全是她自己一手造成的。同樣，作為勞動大軍中的一個女人，她還要做兩份工才足以支付兒子上特殊學校的學費，以及供女兒接受課外培育——那可是一般中等家庭都要提供的雅趣——這也不完全是她自己一手造成的。素珊正處於一個真正困難的社會狀況中。

從我標示為信仰與文化的詮釋之力量/意義匯聚點向量，我們可以識別出好幾個議題，它們都似乎正在逐漸成形，儘管我們只曾與之作短暫的相遇。當然最明顯的是素珊之進退維谷：一方面是她所受的教養對於性和忠於婚姻的道德價值觀，另一方面是她如今身處的城市及近郊中產文化所高舉的、愈來愈縱容的性價值觀。雖然她對於自己的婚外情深感愧疚，但是那種罪疚感卻遇到我們這個時代所流行的社會精神——人要看重一己歡娛和快樂權利——的強烈反擊。那種社會精神也正在抵消素珊對家庭的責任和義務那根深柢固的奉獻心。

雖然我記不起素珊在起初的這些會談中曾廣泛地用

過與神有關的語言，除了她說過母親所屬的信義宗之外；但是不曉得甚麼緣故，她的姿態和激動的語氣總是讓人覺得，對她來說，在她心中翻騰的這些議題是帶有一種終極意義的。當她談及其母親所信奉的神時，她說到她母親相信如果她違背了神的旨意，神定會發現的；我意識到，素珊誓要效忠的，是這位神，而她為了要得到自由權而想反抗的，也是這位神。

若從種種辯證的立足點來整體地看素珊的自體詮釋學，我們就會開始看出，她心靈生命中可能有幾個深層議題。我已經談過渴望與責任之間的衝突這個議題。如今那個議題披上了血肉，成為了既是一個關乎掌管自己生活的權威問題，也是一個關乎擁有健全意識、覺得自己是個有誠信的人的掙扎。這個議題似乎深深延展到素珊的發展歷史裏，卻又圍繞著她目前最親密的關係，甚或包括她曾經歷過的、與神的關係。似乎如果她不犧牲自己在關係上的需要和/或自己的誠信，她就極難維持這些關係。如果留在忠於職守的單調工作上，她就要過分犧牲自己的需要；如果一走了之或者沉迷於婚外情，她就要犧牲自己的誠信。

在終極的層面，這個關乎權威與誠信或責任與渴望的議題，顯露了素珊的矛盾心情：她想像中的神的形象，應該是她對母親的性格描繪的一個投射（關心但指揮一切，是需要的但又難以接近），還是應該幻想成一個肯批准她的渴求、被理想化的家長客體。在我仔細思想素珊對神的形象這種可能有的分化之時，我發覺自己在想，她接受我以前那個受輔導者的介紹而來找我，這或許有一重意義：她以為我可能代表到那位被視為給理想化的家長客體的神。她事先知道關於我的事，也許包括了我曾經支持她朋友的渴望：做個自己作主的人。

回想起來，素珊讓我隱約見到她的神的形象，而這形象所欠缺的有兩方面。她似乎未能夠適當地挪用聖經中神的形象，以成為她作為人最終可以安心把自己託付的那一位。她在神裏面的生活，因著她活在一位她既需要又懼怕的母親的陰影底下，因而過分受到影響。同樣地，聖經裏所說的神，在我們努力忠實地生活時，與我們一起承擔箇中苦楚，但是素珊未能完全挪用聖經中這位神的形象。這不是我們滿懷希望而幻想出來的神，而是那位認識我們的神，是那位在我們致力達到「滿有基督長成的身量」之中、與我們一同受苦的神。

於此，我必須著重提到一點：直到目前為止，在我所作的診斷式反思中，我所取的方向都是為素珊心靈生命中可能有的深層議題，構思一些暫時性的詮釋，而不是構想出一個心理診斷範疇來。毫無疑問，只要選用合適的心理診斷範疇，人就可以啟動那種構思。雖然那些熟悉精神科和心理學疾病分類學的牧養輔導員或許會這樣做，但是在詮釋學的角度裏，這樣的一個程序其用處似乎是極之有限的。我的目的反而是，在與素珊一起追蹤一個敍事調查之時，我設法喚起她那掙扎著過活的故事，從而開發重新詮釋和嶄新方向的可能性。

根據第五章所討論的三個時間層次的大標題，細想我頭兩次與素珊對話的資料，這都顯示出，她生平故事中有幾方面值得注意。在生命週期時間的層次上，我們立刻見到素珊目前對自體—世界的理解，是怎樣仍然受到早期她對於自己是個被領養的孩子而作的詮釋所影響。那深藏於她生命中的神祕主調仍然是，她是個不屬於自己所身處地方的人。她在另外一處地方有另外一種合適她的生活——在那種生活之中，她自由、被愛、安全。她説到她幼時不肯讓母親觸摸她，這顯示出，這個主題——現今如此強烈地存在於她與丈夫、母親和情人的關係之中——既是歷史悠久的，也是重重地決定著她的自我理解的。因此，與她現在所處的生活相關的責任和單調的主題，也帶有相同的特質。她學習鋼琴的故事，她目前為工作和照顧家人營營役役的故事，其調子都差不多。留在所身處的環境中，就只好繼續過天天如是的、履行義務和責任的生活，而且毫無刺激、歷奇或自由可言。那就是素珊生活那神話般的、具詮釋作用的故事。使人想到的是，她的生命週期臨到四十關口，恰巧又是女兒正值荳蔻年華伊始，這大大加強了她幻想過著另一種生活的願望，與她對目前生活的看法之間的張力。

我已經談過，素珊的生活在社會文化時間的層次上可能體現出的社會動力。素珊清楚地形容她母親為性格「古老的」，在性和婚姻忠貞的社會價值觀上如是，在運用家長權威和監控上也如是。素珊本人在這方面卻好像有點兒夾在兩個時間的層次之間。她渴望有情慾高漲的性生活，但又無法回應丈夫那對等的渴求。素珊渴望在性方面得到自由和帶來的激情，但這引起的文化爭議卻帶著被指為淫蕩的威脅，也變成是素珊的個人問題，關係到她渴望能挽回她在少年時期覺得失去了的一切，也關係到她認出丈夫的被動、對母親的倚賴，以及無變化的責任。她生平故事的種種主題跟她時間層次的故事那種種主題，變得糾纏不清。

我也曾經在終末時間層次上，對素珊的生活的一些重要議題作出評論。在（第五章）圖二的語言範圍內，我們可以說，我到目前為止所列舉過的、素珊心靈的那些深層議題，都未曾充分地被置於聖經對神那與受造物相關的生命的願景之中。她還未能適當地活出她的終末身分。神對她生命所給予的應許，仍然是零碎的，也是屬異想天開的。她欠缺一種豐厚的理解，不能明白神給她生命的應許是有「已經」成就的，也有「還未」成就的。她受誘惑要美化在幻想中她與情夫的關係，因為在那段關係中，她所過的生活是對母親和家人再沒有甚麼義務的生活。她的身分——深藏於她的歷史之中——仍然強烈地控制著她看自己是個怎樣的人。

我相信讀者已經明白到，以上幾段我們所討論的，是要開始為素珊的人生旅程構思一個敘事的、具詮釋作用的故事，而這個構思也必須維持在開放式的狀態之中。細心思量頭兩次面談的原材料，會給我們提供了一種距離，而這距離容許好幾個有可能的主題性議題呈現出來，它們可以引導我進一步與她一起，為她的生活找到新的、有解放潛力的意義。我們還未有——也可能永不會有——一個完滿的、最終的詮釋，以能直接了當地告訴素珊或硬要她接受。反而，我們只有一個可行的詮釋，或者一個正在形成的詮釋。那個可行的詮釋，如今可以塑造我之後要帶進與素珊對話中的前理解。它開始讓我聯想到一套語言詞彙，以及傾談時我對她的話所該作的回應。

因此，至少在開始給素珊作牧養輔導之時，一個雙重目的便開始出現，而它的兩個方面都要在互動關係中得以保持。站在牧養輔導員作為詮釋者的立場，那目的的其中一個主要方面，就是繼續做具詮釋作用的反思，以及收集進一步的印象及確鑿的資料，以支持或更改、推敲或增添我們對素珊生平故事中的敍事主題和議題那現有的理解。另一個方面——更多是從素珊自己要尋求理解和新方向的那一邊去看——是關係到我邀請她與我合作，從僅僅告訴我有關她在生活上的苦痛和鬥爭、喜與悲的故事，轉而清楚講出一個還未曾說出來的敍事故事，即一個收集了她心靈生命那些最深層議題的故事。

從詮釋學的觀點，我進入這樣的一個具雙重目的的搜尋是希望和期盼，當對素珊生命的理解視界在我們之間臻至融合的時候，一些新的和富啟發性的東西便會產生，以能為素珊的未來生活提供一個新的詮釋，即一個新的和已經轉化的故事。站在客體關係理論（溫尼考特〔D. W. Winnicott〕）的立場，我的希望與期盼可以說是創造了一個過渡空間，在這空間內我們可以為素珊的自體和客體關係而探討新的可能性。作為基督教牧養神學家，我的希望與期盼可以更恰當地說，是要展開那個空間，讓聖靈的工作可以在其中發揮果效，並且讓一個新的生命故事，就是一個植根於素珊那終末的身分——作為神的孩子——的故事，得以活出。

牧養輔導的詮釋循環：一個提議

熟悉詮釋學理論的讀者或許會感到奇怪，為何到現在我仍然沒有採用一個重要的詮釋學概念，就是那個所謂的詮釋循環（hermeneutical circle）。這個概念既包含一個詮釋學的理解，就是任何尋求理解或詮釋的，都要在某些界限之內進行；這個概念也包含一個可能性，就是以循環式運動（circular movement）來克服那些限制，以朝著更豐滿、更準確的理解進發。包曼（Zygmunt Bauman）簡單而概括地説明詮釋循環這概念：「理解即是不斷兜圈子；不是以直線向著更好、更少弱點的知識前進，反而是對聚集而成的記憶作無止境的反覆重述和重新評估——那理解總是愈來愈大的，但永遠都是有選擇性的。」[2]

因此，在牧養輔導中遵循一個詮釋學方法論，其意思就是人自己決心投入一段無法確定日子長短的過程之中，而且接著也希望受輔導者作出相同的決定。那過程包括細心梳理種種故事、印象、回憶，以及對種種關係作共享的詮釋；為的是想深化和擴張自己和受輔導者的理解，明白那人生命中最主要的敍事故事和那人心靈中的那些深層議題。這個過程所需的時間，可以短至幾次的面談，也可以長若整段牧養關係，中間穿插了或多或少的見面密度和合作時段。在我的輔導經驗之中，我曾試過有密切的和見到明顯果效的關係，有些關係只是相處過幾小時，有些卻是持續逾二十年的關係，間中會有一些深切輔導的時段，而在那些時段之間、一些較長時段中，那人就繼續過其自己的詮釋生活，不用輔導員從旁協助。

當詮釋循環這概念應用到牧養輔導時，我們就見到它有兩個方法，可以鬆散地組織一下對話的流程——輔導員的詢問，以及建構詮釋的種種可能。我與素珊的頭一次對話，就最能清楚説明輔導員的詢問這一個方法。如果我們仔細檢視那些起初的談話和我所記得的、就那些對話所作的反思，我們就看到有一個可輕易認得的循環過程自己顯露了出來。在那第一次會面中她來到我的辦公室向我傾訴，我對素珊最初的一些印象，就是在她談到目前與同事和家人的關係後隨即產生。然而，説到那個故事之餘，素珊進而告訴我她那些關係的歷史點滴（她的雙親遷到格拉克一家附近的房子去）。在素珊説著她的故事期間，因為我認為輔導應該涉及詮釋循環，所以我做了一個關鍵的舉動：我問到素珊和母親的關係那更早期的歷史。這導致素珊再講了一些對她非常重要的童年回憶：她是個被人領養的孩子，她從來都不想母親觸摸她，以及那些音樂課。在我和素珊的心中，一個可能的聯繫已被建立了，連接了往事的回憶和目前關係上的窘困。然後，那個循環開始移向目前，而這個移動很快地使我注意到，並把我的注意力轉到一個問題上：為甚麼素珊會在我們這新建的關係的這一刻，向我說出這一些回憶呢？

我想提出的是，帶著對面談和詢問的流程的注意來看，一個循環模式就開始被突顯出來——這個循環模式從眼前的輔導關係，轉到現時生活中的關係範圍，再到與重要人物關係的歷史，之後返回到輔導關係本身。雖然確實的模式會因不同的個案而有些差別，但是我想提出，對於在牧養輔導中採用詮釋學方法，這循環模式實屬典型的。儘管輔導員不可以把這模式當成是直接提問的法規，不過它仍可被視為一個值得稍加留意的結構，以供牧者作詮釋式探問時仿效。如能不那麼嚴格地跟隨，但又相對地少作偏離，那模式就能引進一個愈來愈廣闊、更精密更豐饒的舞台，在其中輔導員和受輔導者所作的詮釋都會變得更清晰。正如包曼所言，這真是個實際上無止境的循環過程。人類的詮釋經驗之豐富和詳述，確是無窮無盡的。那些被加諸其上的限制都是武斷的，而加上去的就是那尋求詮釋輔助的人，那時若不是那個引致輔導進行的問題已得到解決，就是那個過程似乎已達到某種成果。同樣，牧養輔導員也參與訂定那些限制，因為輔導有一大堆目標、時間及精力的限制，等等。

在別過詮釋循環這詳細建構之前，我還須提及另一個考慮，它粗略地成為基本的原則。受輔導者和輔導員都有可能在詮釋循環的某個階段停滯不前。歷史可以變得非常迷人，令人有如著了魔一樣；而全神貫注於輔導關係的微妙意思，也有相同效果。如果想牧養輔導的詮釋循環能夠衍生豐富的、生動的重新詮釋過程，它就必須保持著不停前進。如果那個循環要成為一個帶來更新的螺旋，它就必須保持繼續向更大、更大的包容性進發。

另一個值得考慮的、以構想牧養詮釋循環的可能方法，既跟關係的三個舞台有著緊密聯繫，卻又更明確地強調，人需要對行為作出評審。這個循環需要一個過程，將過去、現在和未來作抉擇的背景，加以放大。詮釋循環這種方式，儘管在素珊的個案中並不是那麼明顯，不過對於那些面談過程，它卻不明言地是重要的。很多時候，這個循環開始時會對最近或者比較遙遠一點的過去行為，作一些評審式的敍事。「我不知道為甚麼我會打電話給你。我應該可以自己處理這些事的。」正如在素珊的情況中，這種評審式信息所伴隨的語氣，會是內疚、羞愧、正面的自愛或憤怒的反抗，視乎情況而定。不久，這個循環便會轉而透露那人的選擇或行為的一些辯證。所透露的也許強調人內心所感到的掙扎、人際間的衝突，又或是在作出抉擇或行為之中、在那些利害攸關的價值觀之間所出現的衝突。第三個舞台往往會從這一個舞台衍生出來：對未來的行為或抉擇表示出一種渴望或意願，這表達會盛載著那人重重的挫折感——對改變的渴求一直得不到滿足，也未能對自體作出更正面的評價。一個道德省思和關注的循環被啟動了，正如在素珊的情況中，這會令輔導員對不安者表示自己會承擔一個任務，或表明一個道德立場。從詮釋學的角度，牧養輔導員最能幫助人的時候，就是在循環過程之中的任何一點上，他或她所作的回應，主要用作放大或豐富那反思的舞台，以在其中評估人行為上的抉擇。當然在這裏，那些更大程度在歷史性上、在關係性上最先建構我所建議的牧養詮釋循環的元素，就變得重要。

經過藉詳細反思我與素珊的早期牧養輔導關係，從而檢視用詮釋進路來開展牧養輔導的一些元素之後，我們在以下兩章將返回關於在牧養輔導中關於改變之問題。讀者應該記取這一章的大部分討論，以作為整個輔導過程的基本方法論式概念，不管那個過程所花的時間是短是長。關於放大前理解這個觀念、融合理解視界的可能性、揭露心靈生命的深層敍事議題，以及詮釋循環，都存於我們的改變理論的中心，就好像我們在考量輔導的開端時一樣。

7 改寫的故事：心理分析學、詮釋學與神學的觀點

我們在這一章再次轉到那導致牧養輔導形成的核心問題：那些來找牧養輔導員協助以改變生活的人的需要和渴求。我們所說的改變，在牧養輔導上是甚麼意思？怎樣可以帶出改變？改變的限制——輔導員必須在其中作工而求助者又必須接受的——是甚麼？牧養輔導員必須徵用方法論上的哪些資源，以促使人產生啟發想像力的改變？

對於這個問題，不論在可能達到的改變其性質和限度的層面，或是在治療方法論的層面，眾心理學家以至不同的心理學，都制定了一些落差極大的看法。行為治療法學派（behaviorists）對問題採取狹窄的科學進路，他們往往用同樣狹窄的行為心理學觀念來看改變：改變是透過行為改造的操作制約方法所產生的。婚姻及家庭系統與不同的溝通心理學（communication psychologies），則以修改家庭結構動力（family structural dynamics）的鋪排和已修

改的溝通模式來看改變。在使用這些方法的治療師眼中，主動介入行為及關係結構的模式之中，可以提供最可行的機會，令人作出改變。在極其多樣化的理論依據以內，這些方法可以被視為各自強調一種與引起改變有關的力量語言。治療師的説服力——即對行為改變所作的指示——或者操控那些包圍著個人的關係力量，被用來抗衡那些被認為是惹起問題的行為模式及/或關係模式的力量。因此治療師為了達到想有的改變，便會或多或少有力地控制情況。這一派的心理學治療師，對於那些引起緊張的問題，往往低估了對那些問題作已修改的理解的價值及重要性，他們認為這是沒必要的或起不了甚麼作用的。他們説，頓悟（insight；對意義作那修正了的理解）不會改變行為，而行為就是生活質量的決定因素。

有些牧養輔導員因為看到這些以行為作定位的方法論十分實用，於是躍躍欲試。他們迫切希望解決人在行為和關係上的實際問題，而這種迫切性使這些方法明顯佔了優勢，壓倒了那專心探討敍事歷史和意義的、較花時間和似乎叫人摸不著頭腦的方法論。事實上，實際問題是一定要考慮的。然而，本書的立場是，眼前的實際問題總有更深的歷史根源。再説，我在神學上所關注的是對心靈生命有一深入的理解和回應，這使我懷疑，那著重對行為施以實用先行的和強制的改變，會有甚麼長期的深層含義。倘若心靈生命真的包含了人在一個意義框架內進行自體的詮釋過程，而那個意義框架是將生活和關係的所有方面，都與一個建基在神裏面的終極意義架構聯繫起來，那麼，作為服事、關顧心靈的牧養輔導員就會希望他或她在其工作中所採用的方法論，只會是那些提倡有可能擴展和充實那個詮釋過程的方法。在關顧心靈的事工之中，行為治療法對改變所採取的進路，會被視為有真實的但助益有限的方法。在某些不尋常的情況下，人或許有必要用這些方法，以幫助人衝破明明有害的行為，譬如酗酒、虐待孩子或配偶，諸如此類。[1]

上文在討論到採用客體關係理論（object relations theory）時所談及的心理分析傳統，在對個性改變的理解及治療學的改變技術上，都較行為主義（behaviorism）或家庭系統理論（family systems theory）更能採取平衡的進路。正如第二章關於利科（Paul Ricoeur）分析佛洛伊德學說的討論所顯示，佛洛伊德（Sigmund Freud）本人就拿不定主意，決定不到應把信心押在哪一個改變上：一方面的改變是來自對無意識象徵意義作更深、更豐富的頓悟，以及來自有意義地恢復那些被抑制著的記憶的；另一方面的改變是在超我（superego）、自我（ego）和本我（id）的能動力結構（dynamic force structures）上的。他常常被人引用的格言：「本我在哪裏，那裏就讓自我存在。」這格言本身所包含的，既有期望擴大有意識的自我對本我動力的頓悟，又有改變自我和本我之間的力量平衡，藉此希望能在個性運作上帶來想達到的改變。在佛洛伊德的傳統之中，加強自我的控制（力量）與加深對動力的自我衝突的頓悟（意義），一直都被看為幾乎是兩個意義相同的目標，為了渴望得到從以心理分析為定向的心理治療而來的改變。

客體關係理論學者在臨牀方面所關注的，是理解和治療一些自體意識受損的人；那些人或許在襁褓初期遭受過自戀式的傷害，又或許在個人化歷程中受挫。因此，客體關係論學者把改變的重點，放在形塑那完整的自體與客體的圖像。

> 只有在形形色色的自體圖像都歸納為一個完整的自體觀之後，一個本真的自體（authentic self）方能形成；然後這個自體觀又繼而與完整的客體表象（object-representations）聯繫起來。因此在臨牀方面上，通往本真的路，就是通往把自體那分離了的各方面整合起來的路。有很多病人，他們的「真自體」（true self）並不是隱藏在充滿壓抑的障礙之下，而只是以一個潛在的、不完整的結構存在。惟有在一段心理治療關係中努力作出整合，這個潛在的結構才可以變成實在。[2]

克伯格（Otto Kernberg）作為客體關係論學者，他於此清楚地把改變聯繫到整合（integration）和整全（wholeness），發展出一個本真的「真」自體（selfhood），來替代那個破碎的、分離的自體圖像。在自體能夠達到更大程度的整合之前，行為和關係不可能有改變。因此，一段治療關係的主要目標是促使自體的破碎和非本真得到改變。

於此我們可以看見，客體關係理論所看的治療性改變，與我一直所構思的、關顧心靈的詮釋學進路，兩者之間顯然相當類似。我在第五章談到心靈生命中的自體詮釋學時，我所列出的大標題全都指向對整合與整全所產生的渴求。在我所描繪的力量/意義匯聚點那辯證的張力之中，心靈若不能對整全維持一個整合的意識，它將會經歷破裂和對整合產生的渴求。自體的詮釋學不會連結起來；人必須找出一個新的意義架構。同樣地，心靈若不能整合所有三個時間層次的生活，它就會經歷疏離、破裂，並且需要把它在其本身生命週期中的生活體驗，與跟人類關係的歷史有關的生活和它在神裏面的生活——它的終末身分——整合起來。自體生活的敍事式記述必須在某程度上達到整體統一，好能把心靈生命那些種種不同的副主題和議題結合起來，以成為一個統合的自體故事。沒有這麼的一個統合故事，自體就會經歷破裂，並會失去其成為一個自體的整全意識。

當然，我在構思心靈生命的詮釋學中所做的，是大大擴充那來自客體關係理論的、較為有限的自體心理學其整合關注的場域，但同時又保留客體關係理論有關形成早期核心自體的發展過程的觀點。那潛在的破裂其場域被擴大，以包括自體詮釋生活的所有方面，包括它在神裏面的生活那終極的一面。結果是，在心靈生命的旅途上，對整體性的尋求，得到一個更廣闊的視野。那不僅僅是自身的整體性和自體破裂的克服，反而是一個關係生態的整體性。這個將要整合的、關係生態那更廣闊的視野，包括了期望心靈在開往整全的旅途上，不全然只靠自身。神藉著在世上道成了肉身，以及藉著聖靈的行動，正積極地帶出那些最終令整全成為可能的改變。

若然在視人生為朝聖之旅（life as pilgrimage）的神學概念以內，整合與整全被視為改變的目標，那麼整合與整全就當然不是一些固定不變的目標。相反地，它們指向的是在時間裏、在生活架構以內，一個開放式的活動與改變過程。因此，自體的整合總是分享著萬有要在將臨國度的應許中被整合起來的那種「未濟」（not-yetness）況味。只有在自體於自己歷史中的生活，與自體在神生命裏的終末整體生活之間那弔詭的張力之中，整全才可能被找到。因此，從神學角度來看，整全與整合作為牧養輔導的目標，保存著某種模稜兩可的，甚至是碎裂的性質。整全仍然停留在預期階段，是我們希望最終能達到的那種整全的零碎預視。所以，牧養輔導員不會奢望他們所牧養的人能「藥到病除」，或者達到某種整合的整全（integrated wholeness）之最終境地。反而所尋求的結果，最好被理解為消除某些阻礙通往整合的障礙，以及開創出通往更大的整全之路。在我們的詮釋理論裏面，牧養輔導最易處理的障礙，要算是牽涉到自體的詮釋過程——在意義與事件之間，在心靈生命中關係上的行為與關係的意義之間，建立起的聯繫。

來到這一刻，為了給牧養輔導關係對改變的目標與限制，建立一個更詳盡的分析，我們再進一步反思上一章所討論過的素珊的個案，這或許是會有助益的。儘管我們面前有的僅是她在輔導初期交談時所透露的，但已經足夠讓我們看到一些或會帶出治療性改變的可行方向。

如果我們在看素珊所透露的生平故事資料時考慮到對整全的渴求，我們就會立刻驚覺，她故事裏面種種不同的主題顯然都是未經整合的，或許說得準確些，都是要素珊及其家人付出龐大的痛苦和不滿作為代價，以維持在一起的。她過去的成年生活，其故事情節最突出的主題是本分與義務。她不僅一直忠心地、盡本分地做著兩份工時頗長的工作，並料理家務，她還在本分與責任的詮釋隱喻之中，體驗自己與丈夫、兒女、父母親這幾段至親的關係。她對自體、母親、丈夫的性格描繪那正面的一面，已經融合到這個本分與義務的故事主題之內。她認為母親和丈夫都是盡本分的好人，而且認為他們都期望她也是那樣的人。但是她對生活上的自由、自主、情愛和刺激的需求，卻從來未曾融合到那個最突出的主題之內。相反地，這些需求從她目前的生活處境中給扯了出來，而且很大程度上被暗中融合到那依據盡失的、受領養的孩子其老舊深沉的反主題之內。她賦予這個主題的意義是：沒有自由、她養母對她作那痛苦而討厭的控制，以及與一個有點兒像她母親的丈夫過著沉悶厭煩的婚姻生活。

從客體關係的角度，我們明顯可見到，這個在素珊自體故事的主要敍事主題中的割裂，已具體表現出那並存在她自體和客體圖像中的割裂。不僅是她「善的」(good)自體(永不言倦地盡本分的、忠心的母親/妻子)與她「惡的」(bad)自體(自由、獨立、在性方面率性而行)分裂出來，而且她「善的」自體與她對母親「善的」圖像(盡本分、可靠賴)也給融合起來，而她「惡的」自體與她對母親「惡的」圖像(固執、破壞力強、霸道)亦給融合起來。如果素珊想其生命達到整全，這些自體與客體圖像的割裂，以及在她生命的深層敍事中的割裂，都必須達到更大程度的整合。她目前所體驗到的崩裂，使她付出可怕的代價：滿腔憤怒、罪疚、焦慮，並深深感到其生命是空虛無意義的，以及對她曾拒絕了的另一種生活，作一廂情願的幻想。

我在第六章已經談過，素珊心靈生命中的這些割裂怎樣把事情複雜化，並妨礙她適切地挪用基督教關於神的故事——它說到神是位慈愛的、滿有寬恕的神，支持人努力爭取自由和負責任地自主。對處於目前狀況的素珊來說，她對神的觀念也分享著相同的割裂，就是那些存在於她的自體和人客體圖像中的割裂。她懼怕神的怒氣，而她認為如果她誤入歧途，錯誤地追求幻想中的自由，神就會降怒於她。在她心目中，那位降怒的神與那位會信實地待她的神，被割裂開了。她要見到那位神，就只有她肯順服，過那種她甚願能逃避的、盡本分和單調乏味的生活。如果在她對神的形象和她與神的關係之間一個新的整合要得到實現的話，這個新整合就必須有分把她生活的所有敍事詮釋作重新整合。事實上，這樣一個全面的重新整合，可以在任何一個力量/意義匯聚點上展開，而詮釋循環的反應和其進一步的發展，亦為探討新整合的途徑而開路。

當我再三細想素珊的生平故事直到現時為止所包含的、付出了極大感情和靈性代價所換來的薄弱整合，我就發覺一個有趣且叫人難以理解的特點：那些明明是隨意發生的事件，卻能改變人在生活上那敍事式整合的平衡。青少年時的戀人意想不到的一次來電，恰恰在幾件事發生之時闖進素珊的生活中；在她為自己所訂定的詮釋架構裏面，那些事的發生正使她的生活百上加斤。她女兒已屆青少年時期，這給她生活帶來一個滿含反抗和渴望自主的新調子。也正是她女兒在行為上的轉變，導致素珊更加要依賴她母親的幫忙。女兒需要更加嚴密監督，而外祖母的反應很自然就是滿有權威性的。她丈夫轉職，後來又適應不到新的一套工作要求，這就把素珊對丈夫才幹的圖像那所蘊藏的矛盾，突顯出來。那失去聯絡已久的友人來電，把由敍事與那些客體關係的主題所佔相對優勢的平衡傾斜了，變得更有利於那些一向備受壓抑的錯位主題和對自由的幻想化願望。她生活的薄弱整合給打亂了。她生平故事的未來情節，起了激烈的變化，至少生出了那一廂情願的可能性。然而，那些舊有的主導主題，仍然壓制住她。新的整合必須進行。

根據我們面前對於自體和客體圖像之間的割裂的分析，似乎任何為素珊而作那新的、具創建的整合，都必須包括一個重要部分：這可以說是，把現在支配著她生平故事的舊有自體和客體圖像去神話化（demythologizing）。那些自體和客體詮釋，形成了她對自己、母親和丈夫的性格描繪，甚或是對她那圖像較少含矛盾情緒的父親的性格描繪，而這些詮釋都需要重新被檢視。這些性格描繪實際上是符合在她目前生活狀況中這些人的真正光景，抑或是昔日經驗所形成的殘舊模板，如今硬生生的給套在目前的關係上？她派給自己和其他人的角色，仍然適用於目前的情況嗎？

當然，在這方面，牧者如果有幸有機會接觸不安者生命裏的那些重要人物，他或她會得到一些好處，但這好處卻伴隨著一些造成偏見的風險。牧者在一個羣體之中，譬如一個教區之內，持續地與不同的人交往，建立起牧養關係；如果他在這種情況下認識一個家庭，並認識已有一段日子的話，他便能就會友在輔導之中所道出的性格描繪，與現實情況核對一番。那人對自體和重要他者的那些圖像，是否符合牧者對他們在其他關係上——包括他們與牧者的關係——所察覺的圖像？當然，這樣做是有風險的；那些印象牽涉到牧者自己的詮釋，因而它們受制於由他或她所帶進人際交往之中的客體關係模板。在一些個案中，牧者會真的有很大衝動，想認同不安者所講的那些性格描繪。比方說，我可以想像素珊的堂會牧師會有甚麼想法：那位牧師如果在一篇曾講過的道或者為教會所作的決定上，曾經與素珊母親意見相左，他或她便會有衝動想要認同素珊對她母親所作的性格描繪：凡事誓不罷休，令人難以推卻！

牧者聽到的很多人際關係問題，尤其是兩代之間的問題，都可以從一個角度去理解：看看這些對於重要他者的神話式圖像傾向是以甚麼方式持續下去，儘管至少那些有意識的自體性格描繪已經轉變了。為人子女的，已年屆三四十歲，仍抱怨父母不容他們長大，他們或許正在說的是一對已過時的、神話似的父母。當然，反過來的情況也是有的。儘管兒女一早已經長大成人，但是父母心中的兒子或女兒也許仍然擁有神話式的圖像，仍是個倚賴自己或者不聽話的孩子。素珊的個案說明了，這些神話式的自體和客體性格描繪，通常都是非常複雜的，牽涉到不同種類的圖像割裂。

不用說，這些神話式的圖像，僅僅因為它們擁有極深的歷史經驗淵源，所以它們不可能輕易或迅速改變。單單指出它們或詮釋它們，其效用都不大。它們往往滲透人目前關係的每個層面，甚至是那些連無興趣的旁觀者也認為是與主要客體的關係無甚關聯的層面。這些核心客體圖像可以用難以察覺但非常細緻入微的方式，轉投在人目前關係中的重要人物身上 —— 丈夫（正如素珊的情況）、妻子、同事、上司，甚至牧師。

從詮釋理論的角度，給自體和客體的性格描繪去神話化的過程，是上一章所說的詮釋循環其工作過程中的重要一面。每轉一圈，從目前關係到歷史上的重要關係到與輔導員的關係，人逐一探討那些從敘事與客體圖像主題所衍生的後果，便可以張開神話式意義的另一面貌，以供重新考量。對於一些人，這個過程僅帶來輕微的改變，自體和客體神話仍固執地堅持到底，決不讓步。然而，對於另外一些人，去神話化的過程可以影響深遠，而那朝著更實在地看自體和他者的運動其所產生的有效力，足以支撐生平故事採取一個新的方向。

我苦苦思索，在我稱為給自體和客體圖像去神話化一事上，為何有些人能夠比別人更加順利。在這苦思的過程中，我發覺自己想起詮釋理論的另一面貌，並且把它應用到自己在臨牀經驗中所遇到的這個問題上面。在詮釋理論中有關詮釋歷史文本的那一方面，學者已發展出一套概念：任何文本都盛載著意思的可能性，而那意思是超越了文本作者書寫該文本時所理解的和打算讓文本傳遞的。因此，每一份文本，不論是聖經文本還是另外一些歷史文獻的文本，都可被視為擁有「意義之盈溢」（surplus of meaning）。[3] 雖然該作者可能是想說出意思的特定一面，但文本本身卻可以更豐富得多。其他的意義只不過在等待文本讀者於其腦海中把它們化為現實。牧師講道時，把某段聖經連繫到當代景況，明顯地他或她就是在詮釋時，經常利用到文本其意義之盈溢。

在我的臨牀工作之中，我曾經幫助過一些尋求把自體和客體圖像去神話化的人，我不時也會遇到一個詮釋次序，是與詮釋理論所稱為「意義之盈溢」十分相似的。一件事的偶然記憶、一個夢的聯想，或者是另一些使人回想起過去關係的事物，都會表露出那段關係的一面，是那人好像從來也沒有恰當地挪用過的——是沒有被包括入性格描繪中的一面。對於那樣的一個新發現和經記憶證實的意義，如果它被輔導員或受輔導者高舉為意義重大的，人就可要求把它納入在該輔導過程中被造成的、是新近形塑的又重新被考量的性格描繪之中。

> 四十有多的華倫．比格斯（Warren Biggers），為人相當暴躁，又極之容易生氣；他一生都因為對父親非常忿怒和失望而苦惱。任何人與他有衝突，他都會大發脾氣；這個強烈傾向叫他在相識的人中臭名昭彰，而且使他與權威人士和直系親屬難以相處。我們探討他的過去，發覺他童年時住在北面一個城市的廉租屋單位之內，家庭缺乏溫暖，他發脾氣所換來的往往不是起支援作用的愛，而是惡劣的代替品——負面的注意。華倫是大家庭中年紀最大的；當家中遇到有甚麼事情不順時，他作為長子，就常常受到父親的暴力虐待。父親是個嗜酒的工廠

工人，常常醉倒家中。華倫日漸長大，成了家人的代言人，以抗議父親的暴虐，亦成了家人投訴抱怨的主要對象。

華倫對父親，對身為父親兒子的自己，有著濃厚神話式的性格描繪，主要都是集中於這些童年暴力事件的記憶。他看自己是父親暴虐下那個憤怒的、暴躁的、多疑的受害人。

有一天，臨近感恩節，在一節輔導之中，華倫說到他童年時關於感恩節的一段記憶。他父親看來有無數的親戚，個個都瀕臨貧窮線邊緣，而且很多都跟父親一樣，是工廠工人。這個假日，父親邀請親戚們來吃感恩節大餐，差不多把整份薪水都花在火雞和餡料上。食物都準備就緒，宴會快要開始了。然而不知怎地，就在餐前的交際作樂之際，華倫父親跟一名親友激辯起來。那場爭辯升級至整個大家庭，大家都吵在一起，期間華倫父親已是醉醺醺的，他突然拉著餐台布用力一扯，恰恰把火雞和餡料亂七八糟的散跌一地。節日喜慶演變成一場吵架，而期待已久的美食結果變成垃圾。

當華倫和我沉思這段痛苦回憶之際，華倫大力重申他痛苦的失望，力指這段回憶足以證明他對父親那神話式的性格描繪：他是個暴烈的、毫無愛心的人。而我則頗為自然而然地，也沒有作甚麼大量的事先考慮，就問：「不知道他為甚麼要邀請那班人呢？」問題提出後，我們作了一輪沉思遊戲，得出一個可能性：華倫父親，好像華倫一樣，必定是深深地需要愛，深深渴望與家人相聚及相親近。只是他一直未能做到。他生命中有太多其他力量——他的酗酒、不快樂的婚姻、欠缺經濟安全感等——已對他造成干預。

華倫父親的人格又有另一面，走進了我們的詮釋循環。他這個人並不僅限於華倫那神話式的性格描繪。華倫和我在他生平那意義之盈溢之中，偶然發現一個新的可能性。

自體和客體詮釋，永遠都是選擇性的。某些經歷被賦予重大的象徵意義，而其他經歷則遭到忽視。雖然一些主導的主題發展出來，而它們大多都能正確地代表關係現實的重要面貌，但它們亦會掩蓋了其他可能同樣重要的面貌。因此，所形成的自體或客體圖像，其本身可能僅代表生命整體的一小片斷。像華倫與我所做的那種詮釋遊戲（hermeneutical play），有時僅僅藉著包括一些以前不覺得重要的、舊有或較新近的關係的面貌，就可以促使人改變他們對自體和他者的神話式圖像。

關於在輔導中之詮釋遊戲的概念，值得我們作深入一點的研究。讀者會記得，我們第一次遇到這個觀念，是以它為伽達瑪（Hans-Georg Gadamer）之理解視界的融合這個概念的主要元素。伽達瑪提出，對於對話伙伴雙方（以及詮釋者與文本）生起真正新的理解的那一刻，乃是在於伙伴各自帶到交流中的視界已匯聚到一個程度，促使對話轉移至另一互動層面，即是那個最好被理解為一種遊戲的層面。我的問題——華倫的父親為甚麼要大宴親朋——就是那樣一個鬧著玩的問題。當時我心中並沒有特別想到甚麼。然而那個問題卻在華倫和我本人之間開啟了一個玩耍的臆測空間；想像力及對記憶中那次感恩節情況的全面實情作進一步仔細注意，都在那個空間中起相互作用。這導致我們能夠用一個新的、未曾預視過的可能性，在想像中重現當時情景，從而提供一條新的解釋鑰匙。

於此，我想起溫尼考特（D. W. Winnicott）那過渡空間的概念，即那個位於真實與幻想之間的空間，在這空間中，那形成中的自體既可即時滿足其務求支配意義的自戀需要，又可承認，外在現實是鐵一般的確鑿性。像華倫與我所做的那種詮釋遊戲，可以被視為提供了一種過渡空間，讓那些富想像力的新詮釋可以在裏面成形，它們承認對處境的實情有一個更廣闊更豐富的看法，並且順應這個看法，而這個看法是輔導員和受輔導者都從未擁有過的。因此，輔導詮釋循環的工作/遊戲，可以被視為一件要做的事，以希望和期待能開拓過渡空間；在那空間裏面，新的和有轉化潛質的真相——一半是富想像力的詮釋、一半是對現實的新承認——能夠開始起強大作用。

在神學的觀點以內，我會視這個詮釋過渡空間為其中一個主要的場域，讓人可以期望在裏面找到聖靈的活動。

用一個較為謙和的方式、並從人的角度出發，我們或許倒不如說，正是在過渡空間的相互作用之中，輔導員與受輔導者才會對聖靈的引導持更開放的態度。在人所建構的現實與神正要帶出的嶄新實在之間，聖靈經常活躍於那道空隙之中。過渡空間的詮釋遊戲可以藉著神的恩典，給那些參與那個遊戲的人機會，以接受這樣的一個嶄新實在。

對於那過程與人類改變的限制所作的神學理解，我們在這裏再次遇上其所包含的歧義和弔詭。內嵌於歷史的身分，與終末身分之間的弔詭，對於牧養輔導預計能帶來改變的質素和程度而言，既燃起希望或期待，也劃定界限。在神學上而言，牧養輔導帶來的那些改變，會繼續在實現神國的整合式整全（integrative wholeness）上，參與在「既濟」（already）及「未濟」（not yet）的層面。人類那弔詭身分的一面，將會繼續在某程度上內嵌於那人的歷史裏面。人所能盼望的僅是，對過去生活方式所作那具詮釋作用的建構——過往性格描繪的圖像和敘事主題——的拿捏，能夠得以稍為放鬆，以致足以形塑一個新的自體和世界理解視界。那種理解或許以預期的方式，更能充分地涵蓋自體的終末身分。

素珊的個案便說明了，神學的觀點角度會指出問題有多複雜和困難。對素珊來說，她在過去自體和客體性格描繪中挑選一些突出主題片段，其眾多原因都深藏於她自體的形成那歷史之中。倘若我對素珊的理解實屬準確的話，在她塑造自己、母親及丈夫的圖像那個詮釋過程之中，她似乎顯然只把注意力集中在某些意義上，而這些意義是與她最早期具詮釋作用的困窘有關的。她在襁褓期間因被人收養，而經歷了在母女關係上的中斷。我已討論過，種種迹象都顯示，她年紀尚幼時，已經不能把自體與育兒客體的圖像整合起來。她嬰兒期所遭遇的割裂，仍然持續停留在她目前想像自己生活和關係的模式那個不穩固的基礎裏面。對於如此深地植根於個人歷史裏的性格描繪圖像，我們可以預期它們是特別難以改變的。把自體與客體的分裂整合起來，以及把更多在關係上的回憶和可能性計算在內，這將會是個既悠長又困難的過程。在神學對弔詭身分的理解中，我們可以預期，素珊心靈生命的深層議題，基本上將會維持不變，儘管那些議題的特定形狀和主宰力量也許被改變了，以致到一個程度，她可透過輔導而領會到自己的終末身分。那種領會必然地需要她投入種種富創造力的自由行動和回應，這不僅是對輔導關係的回應，亦是對神召喚她在生命所有關係中作出轉化的回應。

因此，神學的觀點角度給我們提供的，既有規範性的方向，即用來評估牧養輔導在人生命中所造成的改變；也有規範性的檢查，即察看自己和受輔導者對改變的意願。在神學上而言，將被視為可行的或者合乎規範地可取的改變，只會是這些改變：在某方面維持一貫地承認，個人和集體都內嵌於人類歷史之中，以及自體終極所倚賴的是盼望在萬物轉化之中，出現一個關係已轉化的生態。這樣的一個神學觀點，鮮明地對比著那些為改變而設的、建基於自主和個人自我實現的圖像的心理治療規範。從這個神學角度，此類追求個人成長及自閉式自由的人類潛質的圖像，將會基本上被視為一種盲目崇拜，而最終會使人變得疏離。「我們知道，一切受造之物一同歎息，勞苦，直到如今。不但如此，就是我們這有聖靈初結果子的，也是自己心裏歎息，等候得著兒子的名分，乃是我們的身體得贖。我們得救是在乎盼望；只是所見的盼望不是盼望，誰還盼望他所見的呢？」（羅八 22～24）

保羅在這裏生動地道出人改變的界限與盼望。對個人而言，改變的最終意義，已經被包含在對所有受造之物作改變的盼望之內。個人身分埋藏於一切事物、一切關係的大生態裏面。個人因需要改變而心裏歎息，其實只是所有受造物歎息勞苦的一部分。我們渴望那具創新的改變，但我們必須等到得著神的兒子的名分，即是我們的身體得贖，這才會最終得到成就。在萬物蒙神最後救贖還未成就的這一邊，我們所做的改變都只能是片斷的，都只能是對最後救贖所作的預期瞥見，而這救贖是我們與一切受造物所盼望的。

但是保羅說，我們有聖靈初結的果子。在終末時間的既濟與未濟之間的間隙中，我們可以靠著聖靈的能力經歷改變，把我們的歷史身分與終末身分帶進一個更全面的平衡。在規範上，那意思是指，我們在牧養輔導方面所盼望和致力造成的那些改變，會是那些更全面地和帶著轉化力量、把自體聯繫到萬物的改變；那聯繫包括人際關係，以及人與有形的和實質的東西的關係。

保羅那段經文也提醒我們，具創建力的轉化工作包括受苦和等候聖靈作工。做受苦的工作，是對在牧養輔導關係中開展改變之途作整全理解的一部分，正如那把互動的理解視界融合的遊戲一樣。助人者與求助者在等待得著改變的果子期間，都必須忍受改變的痛苦。對受輔導者來說，這是意味著，人要在多個不同強度和意義的層面上受苦。

首先要忍受的痛，是揭露心靈生命中那些最私隱的、通常一直被隱藏著的面貌。正如我們常常漫不經心地說那般，心靈一定要赤裸裸地被敞開，沒有從自體或輔導員那些慣常給予的保護，得著任何好處。最有效的做法必然是，按著心靈本身的節奏，慢慢逐步敞露心靈。在更深的層面，那過程是不可能按照受輔導者或輔導員的要求而被逼出來或完成的。敞露心靈的過程如果因步伐太快而湧出或吐出來的話，就會導致流產，因為過分急速地入侵私隱，焦慮就會變得令人難以招架，人就不得不提高防衛意識。過分急於在時機成熟之前揭示赤裸的心靈，結果將會是人會逃避、否定，或者甚至是恐慌地退出輔導關係。

對於受輔導者，另一要受的苦是發覺輔導員那些深植於生平故事、舊有的敍事主題中的期望，並不能帶出那想要的果效。在心理分析的傳統中，治療關係裏面的移情現象，曾經大受吹捧。[4]當我在詮釋理論中探討受輔導者在移情之中所受的苦時，我會主要視那痛苦為：受輔導者痛苦地醒覺到，舊有的性格描繪圖像和敘事主題模板，無孔不入地牽涉進目前的那些關係裏，包括人與輔導員的關係。經過時間和輔導員的耐心關注，因回應心靈生命中那些議題而引起的期望與要求、願望與恐懼，會逐漸被帶進輔導關係裏，等待被揭開和詮釋。結果當然就是對求助者那深陷歷史中的景況，生出一種日益強烈、痛苦難當的體認。輔導過程在詮釋循環中移動得有多成功，受輔導者就會有同等程度的頓悟：即使對歷史及目前詮釋的失真的洞悉，使他/她想為自己的生活創作一個全新的故事，但人也不能就此丟棄那些敘事主題——它們背負著那深埋歷史中的生命的重要性。對大多數人來說，那種苦楚已達到最令人沮喪的等級。因此，若輔導要在其目的上取得成功的話，求助者就必須忍痛而理解，渴求改變所存在的限制。一個完全嶄新的自體，擁有截然不同的歷史，這是無可能被創造出來的。心靈生命的敘事卻反而可以在受輔導者與輔導員雙雙懷著耐心、做受苦工作之下，產生不同程度的轉化性改變，以致生命故事可以出現一個新的而又具創建性的轉變。

正如受輔導者在輔導期間無可避免地必須受苦，倘若牧養輔導要達成目的，輔導員也無可避免地要一嘗受苦的滋味。好的輔導，至少是詮釋模式中好的輔導，不可以機械式地使用所學的技巧，客體地、「不插手」地去做。與他者一起以詮釋方法來檢視那人心靈的深層議題，人就必須有一定程度的個人投入及彼此交接，那會在多個不同但相關的層面，輕輕叩擊輔導員心靈中最深的脆弱部分。

早前已經提過，當輔導員進入一段新的輔導關係時，他或她必會嘗到焦慮之苦。任何一段輔導關係，開始時總有充滿大大小小不同程度的模稜兩可的階段。輔導員根本就不知道自己正進入一個怎樣的局面。肩負上關係到別人福祉的責任，但又不是完全知道那責任會帶來怎樣的後果，那種焦慮可以是十分痛苦的，儘管輔導員會著意提醒自己，正確地為他人負責任的程度，是有實際可行的界限的。如果那人變得有自殺傾向或者完全被打亂了，怎麼辦？當然，牧者必須作出實際的評估，以量定能夠為那人提供或讓他得到甚麼限度的保護和關顧，但即使是人清楚知道那些界限和資源，人仍然會感到痛苦，因為他或她要進入一個陌生的環境，沒有地圖可靠，也不曉得將會遇到甚麼。

這把我們帶來到牧養輔導員一方的第二層痛苦，是關係到：在他者心靈深層的議題與輔導員心靈生命的議題之間那可能存在的對應。受輔導者生平故事所浮現出的敍事主題和性格描繪的圖像、主要情緒的效價狀態（emotional valence tones）和自體與自我的衝突，將差不多會在有意識和無意識這兩個層面，穿過輔導員生命故事中那些相關的議題和主題。輔導員以為早已解決的舊議題，會以意想不到的方式冒出來，輔導員有必要忍痛作出自我分析和重新處理。輔導過程和輔導關係那種無法預料的起伏，會使輔導員的自我意識一再變得脆弱易損。[5]

要求牧養輔導員甘願冒受苦之險的第三層次，是關乎在輔導過程中，輔導員必須在客體與主體之間保持適當的平衡。輔導員若是沒有能力主體地進入他者的語言及感受世界，理解視界在輔導關係所試圖創造的過渡空間中的融合，就不會發生。但是輔導員進入那個玩遊戲的、受苦難的空間時，他或她卻一定要適度地、有節制地進入，不然就會錯失輔導關係的焦點。輔導員一定要維持一種保持距離的能力——較客體地對輔導所引起的互動作用，作出反思。因此，對輔導過程的專注與對該過程所作的觀點之間，存在著一種辯證張力，這張力是個經過細意平衡的必需品。維持那種平衡，常常變成是輔導員的苦難，他或她所體驗到的是一把兩刃利劍，或者是充滿極大犯錯風險的兩難窘困，以及必須在自然隨意交談之餘，仍保持著自我批判的能力。

然而，也許輔導員角色所必然帶來的苦難那最痛的層次，其實蘊藏於輔導員的功能的本質之中，而那種本質則基本上是替代性的。我已經討論過，重溫舊有的敍事主題和強加舊有的客體性格描繪圖像，在輔導過程中是起著主導作用的。輔導員對那個人愈是重要，求助者就愈是按自己的方式，有意和無意地以多種形式把這些舊關係模板插進輔導關係之中。輔導員替代性地成為母親、父親、配偶、手足，或在那人關係歷史中其他重要人物的代替品。而且，受輔導者會將輔導員擠進那個被理想化的他者角色。在輔導關係中，輔導員必須直接對付去神話化這個議題。如此把人擠進另一個人的神話角色，即是要那人忍受指控與苛刻的期望，也要忍受那被誘使要實現那人舊日令人洩氣的願望的呼喚，以及被埋怨無力或不願滿足那人幻想的欲望。在那個欲望與局限之間、在重溫舊故事主題與努力尋找新關係意象之間的競爭中，輔導員必須注意到，他或她務必要堅決地正視心靈的深層議題。在那種情況之中，輔導員要受兩方面的苦：成為替代目標人物，以及務求耐心地用自己的權威，以促使那人面對議題。

在我們省思輔導員之苦的這一刻，牧養關係的傳統圖像被視為與耶穌的道成肉身相類似，這可以在一些重要方面變得有形塑性功效。[6] 在道成了肉身這個基督論式的圖像中，其核心是十架神學（theology of the cross）。在基督教的十架故事裏面，替代性受苦的圖像被提升到最終極的層面。在人類有限度的意義上，牧者的替代性受苦，具體表現了基督的受苦——基督的受苦既是以他人的名義、也是代替他人而受的。因此在神學上而言，牧者處於為別人福祉而代人受苦這職分上，他或她並不完全是獨力支撐的。輔導員擁有基督追隨者的身分；只要輔導員是帶著那個身分去履行輔導員的職責，他或她就為輔導事工的受苦工作，提供一種典範和認可。

這一系列反思，若與我早前就輔導過程中遊戲與過渡、創建空間所作的詳細思考並排而列，就使人聯想到，以詮釋模式所進行的牧養輔導關係的故事，可以是一個完善、富人性的類型。因此，詮釋牧養輔導並沒有被視為主要在解決個人難題上應用一個學習得來的技巧，雖然它也牽涉到某些技巧，例如聆聽、反思、詮釋、處理關係上的移情。然而，在應用技巧層面以外或之下，以這種模式進行的輔導，被視為既整全地合乎人性（遊戲與受苦），也受制於人活在神裏面的可能性及局限（在神國的「未濟」之中的聖靈工作）。受到聖靈臨在所充權，在輔導關係之中，並透過輔導關係，轉化生命的改變可以得以產生。我們可以預期，那些改變會參與在神國新生命的入侵之中。但是，好像神國「未濟」中的所有生命一樣，牧養輔導造成的生命改變，仍然弔詭地內嵌在歷史之中。輔導員和受輔導者得救，端在乎這個盼望：具創建的改變源源不斷，以及萬物生態將會達到那最終的改變。「不但如此，……我們……有聖靈初結的果子。」

8 改寫的故事：牧養輔導中的神話與比喻

從第二章開始，我們一直將伽達瑪（Hans-Georg Gadamer）有關理解視界的融合這範式圖像，置於我們對牧養輔導中的改變所作的理解的中心。這個圖像補足了博伊申（Anton Boisen）有關「生命猶如文本」的圖像，並且使它向主體間的對話（intersubjective dialogue）開放，讓已變改的意義和伴隨的已變改的生活程序成為可能。

現在我想進一步推進，要在牧養輔導的方法中應用理解視界的融合這個圖像。如此，我們就要求助於另外一些有關故事中語言結構的詮釋理論。

聖經學者克勞生（John Dominic Crossan）在其著作《黑暗區間——通往故事的神學》（*The Dark Interval: Towards a Theology of Story*）中提出一個圖式，以解說在構築一個由故事創造或界定的「世界」中五個使用語言的途徑。[1] 克勞生所提出的五個途徑是：神話（myth）、寓言（apologue）、行動（action）、諷刺（satire）、比喻（parable）。他用以下圖式表述該五個途徑：

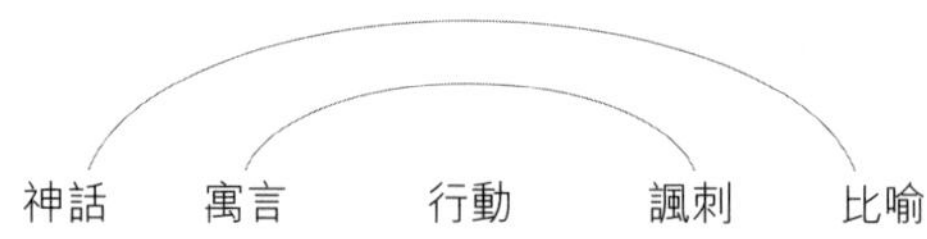

> 這個基本的五重類型學可以這樣子作概述：神話建立世界；寓言維護世界；行動查探世界；諷刺攻擊世界；比喻顛覆世界。我希望大家都清楚，比喻所顛覆的只能是那個在神話中被創造和由神話所創造的世界。再沒有其他世界是它能夠觸及的。人有可能活在神話中而沒有比喻；但人是不可能單單活在比喻之中。活在比喻之中即意指寓居於神話**與**比喻的張力之中。當然，那顯而易見的是，人可以從一個神話（譬如說，資本主義）轉到另一個神話（譬如說，共產主義），而每個神話都可以有一個反神話（antimyth）。但是比喻並不是一個反神話，而且我們必須小心把它區分出來。比喻是一個故意鋪排的故事，為要顯示出神話的局限，好能粉碎世界，以致使其相關性（relativity）變得顯而易見。它**作為比喻**，並不是要以一個神話取代另一個神話。[2]

我現在提議以一個非常朦朧、意象派的方式，用克勞生所提出關於故事中語言的使用方式的類型學，去分析牧養輔導中語言與關係的使用方法。

神話

我已經表明，牧養輔導員在輔導關係開始不久，就專注於喚起求助者生命中那隱藏的神話式敍事。而那建造出讓困惑者渴望生活其中的「世界」的，正是那個神話式故事。那人心靈的深層議題都內嵌於那個世界裏面。牧養輔導員藉著喚起那人自體的神話式故事，從而設法進入該故事所建造的世界，以便**從裏面**尋求改變那個故事。[3] 按照博伊申所提出的，我理解到求助者以神話建造世界的中心性（centrality），這理解促使我非常尊重並嚴肅地對待神話式敍事。在我的輔導工作之中，我會試圖浸淫在那個世界裏面，盡我所能以體驗那個世界，好比是從裏面經歷它一樣。

寓言

如果說神話的語言是建造出一個用故事敍述的世界，那麼寓言就維護那個世界，充分發揮其一切影響，並細緻地應用到那世界的生活的每一方面。在此，我們特別可以見到牧養輔導過程大部分的面貌，特別是較早期的方面。

當詮釋循環工作一路前進時，輔導員和受輔導者都會漸漸更加感悟到，這種看世界和看活在其中的自體的方式，其特殊性所帶來的關係、態度、感受、對自體與他人行為的評價等範圍是多麼龐大和多雜的。當然，這種對於自體那神話式世界的探討，其深度和幅度將會變化極大，端視乎輔導日子的長短和目的。

在輔導員來說，這即是肯定和承認，**在起初為世界作詮釋的時候**，那種特殊的神話式建構可能是合宜的，甚至或許是必須的。對受輔導者而言，這可能意味著他要面對：那個對自體與世界的看法，會以種種形式給眼前的現狀和目前的關係帶來困難。上文所有談及關於面對歷史上的內嵌性(embeddedness)的東西，在這裏都一樣用得著。然而，關於寓言的做法，其重點在於必須容許受輔導者盡情測驗他們選擇活在其中的神話式世界的界限。

我們在上一章討論過華倫．比格斯(Warren Biggers)個案的一些片段，就是好例子，以說明寓言的語言或方式怎樣在牧養輔導關係之中擔當重要角色。那叫華倫深感不安的是父親的瘋狂烈怒，以及他心中認為自己與父親的性格同出一轍；因而多年來他都為自己有怒氣迸發的傾向辯護，說那是遇上人際衝突時，他惟一可以用的「解決辦法」。那些他用來形容在輔導時間以外的日常生活處境的措辭，一般都是：「最後我不得不教訓她一頓！」和「我實際上揭穿了他！」或「我不得不盡情發洩一下！」他以前接受過另一位牧養輔導員的輔導，那時主要是關注他長年累月盛怒的由來，以及在他和父親的關係中導致這種盛怒的根源。之前那段輔導關係結果不歡而散，原因是華倫對那位輔導員漸感惱怒，又找不到辦法走出那份憤怒，所以別無選擇，他惟有退出那段關係。

華倫跟我建立起新輔導關係的幾個星期之後，他便開始作出非常試驗性的探討，要看看自己的性格描繪的界限——他看自己是個憤怒的人，而且鑒於他的童年歷史，他也沒有第二條路可走。這次探討基本上以三種形式進行。在歷史層面上，他開始探索那些被遺棄及無助之深藏感覺。藉著我的幫助，他開始想像那些感受在次序上是早於那些盛怒和怒氣的迸發的。他重構自己人生故事，在其中他開始反覆思想有甚麼東西是自己一定曾經希望和需要從父母得到、卻又從來沒有真正得到過的。就目前他與人的關係而言，華倫開始為到生活上一些事件而苦惱；在這些事件中，他的怒氣不但沒有解決問題或者帶來他想要的，反而只會令他的處境更加複雜，使他與自己渴望和需要建立關係的人，更加疏離。在與我建立起的輔導關係之中，華倫開始提到我們強加在他的怒氣之上的一個禁忌，藉以對付他在交談中所感受到與我之間的衝突。起初他總是想將產生禁忌的責任放在我身上，說我是個溫和的人，不像他那般認為一場痛快的搏鬥能擺平所有事，或對搏鬥樂此不疲。然而，後來他也開始分擔責任，承認從前待人的方法有其局限，並且尋求另一些行為表現和看待自己的方法。

因此，寓言的語言在牧養輔導中的功能，既是「維護」自體的神話故事，也是探討那故事的界限。在一段悠長的輔導關係中，好像我所描述我與華倫的關係，輔導員務必要運用極大耐性，以及盡其所能地避免試圖強加一個克勞生所指的反神話——就人生故事提出一個相反的詮釋，藉以「修正」那在受輔導者世界中正起著作用的敍事詮釋。然而，雖如此説，但我們必須承認，牧養輔導本身通常都存在著一個可以稱之為不言明的反神話（implicit antimyth）：因著對那人的尊重、接納和持續感興趣，一段關係能夠穿越受輔導者所帶來那世界的神話故事的本質。

行動

在克勞生提出的「故事途徑」圖式中，主要的語言風格是行動的語言。行動語言「查探」由神話所創造的世界。在日常的講話裏面，當然包括牧養輔導關係中所使用的大部分日常語言，都是描述的語言。在關係世界的行動中，正在發生甚麼事、發生了甚麼事，或將要發生甚麼事？但是由於行動語言是個查探式語言，這種説話方式很多時都是在問不同的問題：其實正在發生甚麼事？這裏正在發生的是甚麼事，或過去發生過甚麼事？行動語言是經驗主義（empiricism）的語言。它查探由神話所創造的世界，提問一些有關它的問題，而且在某些神話式的願景內——那願景是關於那些在以神話建造成的世界內被賦予重要性的行動和力量之因果的——就正在發生的事和將會發生的事提出一些假設。

在這個最具體的層面上，我們踫到這些語言世界其多元性的問題——神話式圖像變得多元化，就「世界是甚麼」及「在世上那管治行動的是甚麼或行動應由甚麼來管治」，眾說紛紜。對牧養輔導而言，這牽涉到本書開頭幾章就該方面所粗略提及過的所有問題。正如在該處說過的，牧養輔導員必須活在那些語言世界其複雜的多元性的邊界上，努力履行其詮釋者和嚮導者的職責。[4] 在人類故事裏面對行動語言的觀察與查探，總會牽涉到人類行動其意義的一些核心圖像，也牽涉到在行動的因果關係中相互影響的力量之一些核心圖像。因此，輔導員需要密切留意某些範式的圖像；它們告訴了輔導員本人及受輔導者所用的解釋的語言，這些語言在他們追求理解「這裏究竟正在發生甚麼事」的查探式對話之中，已是含蓄的或者昭然若揭的。

在受輔導者帶到輔導中的故事裏面，行動語言一般都會是現行語言之變奏，而那些現行語言正是潮流文化——受輔導者恰恰內嵌其中的——用於人類行為與關係上的語言。在美國的中產階層中，這些語言就很常會是一些流行的心理學化圖像，如人際關係、內在矛盾、發揮自我潛能、人生階段的圖像，諸如此類。然而，在基督教羣體中，特別是在農村或中下階層城市地區，有些人的行動語言仍然反映出在二十世紀初期，甚至是十九世紀，美國流行文化那些關於體面(respectability)、虔敬、道德正確的行為的圖像。這些人在談論到生活上的事情時，那些用來形容黑人或其他族羣生活的圖像，便會在他們所用的語言上反映出來。

無論受輔導者的語言屬甚麼類型，牧養輔導員的回應，最低限度在起初的時期，都必須配合輔導員所輔導的對象其意象語言的世界。牧養輔導員首先要做的是聽取對方按他或她自己的意思所想說的東西，至於受輔導者言說行動的語言之溝通效率或查探成效，無論是贊成還是反對的，也不會公然作出評價。輔導員於聆聽之中，可以挑選出一些圖像、象徵性字彙、滿載感情的關鍵片語，並予以重視，容後再作進一步查探。

牧養輔導員很多時會有一種強烈欲望，好想教導受輔導者一套新語言，作日常講話之用，以談論人的行為和關係。當然，這就是某些目前流行的、有關人際關係的語言的修辭手段——如交互作用分析(transactional analysis；父母、成人、孩子、行動計劃，諸如此類)及家庭系統論(family systems theory；籬笆、目標、控制、兩代間界限，諸如此類)——那引人之處。從詮釋學角度看，那些強迫人接受的進路，儘管在某些情況下有用，但其基本問題在於，它們在積極被應用之際，並沒有充分嚴肅地對待受輔導者那像文本的生命。輔導員只是在受輔導者帶來的、關乎自體與世界本質的歷史神話之上，添加上一個新的神話。與此同時，舊有神話仍然起著作用，儘管它現已被擠進輔導關係中不為人注目之處。神話與反神話之間便生起爭競，而上一章討論過的整合過程在爭競中面對相當大的危機，就是會無法被正確地培養出來。

舉個有關例子或許可以說明該問題的另一個處理方式。好像大多數提供婚姻輔導的牧者一樣，我發覺自己很多時所輔導的夫婦，都是在婚姻方面遇到困難，至今總是爭吵不休，他們在爭吵中盡力把問題歸咎對方，又企圖說服對方，只要他或她改變自己的行為，問題便可迎刃而解。儘管不乏各方的努力，計有婚姻自助手冊、流行心理學書籍，以及每本「家庭」雜誌——從《讀者文摘》(*Readers Digest*)到《今日心理學》(*Psychology Today*)——均有文章為夫婦的互動介紹一套嶄新語言；但是在美國人的婚姻生活裏，仍然存在那種個人必須對惡事、過失、控訴、罪疚負責的語言。「錯的是誰」，仍然是婚姻伴侶最喜歡做的查探工夫！

基督教牧者當聽到夫婦間這一類互相指控的語言，肯定會好像我一樣，渴望得著能力，把探究該問題的語言，轉向一個更忠於基督教精神的方向。我們會以另一套語言代替那埋怨、指控、罪疚、羞辱的語言；那套語言對過往的失誤表達更多寬恕、接納與悔改的圖像，並承認彼此都有責任去愛對方。然而，我的經驗是，強要一對緊抱著要爭贏這場指控查探大戰的夫婦接受這套語言，很多時都只會是徒勞而無功的。從指控和反指控的做法，跳躍為接納和深深感受到而又宣諸於口的寬恕的這種做法，儘管人心中有那個渴望，但光憑意志是無法做到的，也不要說那些更困難的個案——在那些個案中，這種欲求好像已在途中消失得無影無蹤了。

倘若從諉過的語言跳躍為接納的語言，實在是太難一次過做到的話，那麼我們可能需要的是一套過渡語言，開始對婚姻過程中行為舉止的種種真實情況持有不同的看法，藉這個新的理解層次去削弱諉過的語言。在基督教那接納的語言所預先假定的合併過程（process of merger）中，兩個不同的理解視界需要一個媒介協助。一種有助於釐清夫婦間溝通信息的查探，對那個過渡是有幫助的。

婚姻動力的種種心理學式建構，提供了不同方法，以反映夫婦間差異之處，以及夫婦間的溝通是怎樣給曲解了或堵塞了，從而讓人可以著手重塑互相查探的方式，好探究在沒有埋怨、諉過、指控之下，夫婦之間真正發生過或正在發生甚麼事。這樣將心理學語言圖像用作過渡語言，會有助於開闢途徑，把談及婚姻問題時所提到的感情及描述內容，轉向一個使用接納的語言的方向。

然而，當牧者展望自己的工作，要在詮釋理論的框架以內，輔導那些彼此有衝突的夫婦時，他或她會小心避免引進這些心理學語言的修辭手段，並將之當成是婚姻關係的一種新術語。它們作為過渡語言的這個次等位置，必須得以保持。事實上，更重要的是，牧者應利用一些概念，指出使用這些婚姻動力的心理學進路，為的是豐富和獲悉受輔導者所用的那些熟悉而較為普通的字彙，而不是引進一套嶄新的心理學術語，以「糾正」語言。我發現，比方說，時下一些有關婚姻「合約」的心理學文章頗為有用，於對涉及婚姻盟約那個歷史上較富宗教色彩的觀念作出反思時，可以用來豐富輔導夫婦的工作，也能用作例子說明。討論婚姻合約，可以是一個好引子，有助於順利過渡到講論那包含接納與互相尊重語言的婚姻盟約。[5]

諷刺

在任何故事裏面，諷刺的手段都是企圖藉挖苦以摧毀那用神話方式來看事物的做法。諷刺把我們生活中的神話擺在我們面前，以致使我們視線的角度顯露出，它們有多荒謬。諷刺的故事引起我們自嘲。我們所過的生活，至少在那一刻，被顯得滑稽可笑。諷刺促使我們的神話放鬆它施加在我們身上的控制。

牧養輔導之中可有諷刺文學的空間？我相信是有的，雖然，就好像一般社交活動裏的諷刺幽默一樣，它最好都是劑量小而放置得宜。

諷刺其中一個較有用的手法，就是誇張的手法。我們看事所用的神話式方法，給逼出界限範圍以外。透過間接詢問那人究竟願意在某個想像世界的方式上堅持到甚麼程度，從而引起那人的改變。倘若牧養輔導關係已經培養出信任，誇張手法便可以很有用。

有一對夫婦，我跟他們作婚姻輔導已有一段日子，最近他們又吵得面紅耳熱，就好像我以前所見過的一樣。他們所爭論的是他們在近日一些涉及與夫家某人關係的瑣事上，產生出不同的意見。丈夫說：「每次我和她有甚麼爭拗，你都總是站在她那邊。我家那邊發生甚麼事，你從來都不會支持我！」妻子反駁說：「你在家人中間總是變得處處防禦的！尤其是對你姐姐，你永遠都不敢自己拿主意！」

這樣子鬧了幾分鐘之後，我一聽到「總是」、「永不」等字眼，就大聲插口，用盡我所能來堅定無比地重複說：「總是！」「永不！」我的目的，當然是對那路人皆見的、雙方互數的神話式性格描繪予以迎頭痛擊，並且力促他們面對，這樣看對方的方式是多麼的荒謬可笑。一而再地這樣做之後，我們都不禁笑了起來，起初帶點兒靦腆，繼而狂笑不已。隨後大家作出比前安靜得多的、具反省作用的對話，談到他們對彼此的期望怎樣慢慢變得模板化和全為一己之利的。

在牧養輔導中諷刺的手段，也可以是挖苦嘲弄的手法。以不同方式重頭再述說受輔導者所帶來的故事，或者幫助那人重新建構那個故事，使故事聽起來有點兒像杜姆斯伯理(Doonesbury；編按：在美國多份報紙刊登的漫畫)的漫畫味道，倘能抓準時機，它在另一人面前用一種諷刺手法所豎起那故事的圖像、性格描繪、語氣，便可對一種塑造世界的手法，以及對自己在該世界裏面的身分之看法，作出抨擊。好像誇張手法一樣，挖苦和嘲弄也最好是小量而適時地施用，否則那人會感到，那是對他或她的世界所作的攻擊，是有嫌棄或敵視之意。人可以幽默地、荒謬地、或令人啼笑皆非地視改變為必須去做的事，但是如果諷刺手法力度過重，那就會對人帶來傷害和使人感到不被尊重。

比喻

克勞生說，比喻的手法乃是顛覆的手法。比喻的手法不是像反神話那般，要從外面來改變神話所建構的世界；也不是像諷刺手段那樣，要以挖苦去攻擊它；反而是牽涉到以顛覆的手段，從內裏來改變那個神話世界，賦予它一個新的轉折，從而開出一個新鮮的可能性。

跟耶穌說比喻的情況一樣，精彩的比喻每每是以一件普通事情，或是一組日常生活事件作開頭。故事一聽便生出親切感。但故事發展下去，一個全新和出乎意料的轉折便出現，它打破聽比喻者在腦海中期望的藩籬。神話所建構成的世界那些固有期望給顛覆了；全新東西被注入去，雖然神話世界得著尊重，但其界限卻被粉碎了，並其範圍得著擴張。[6]

神學家麥菲（Sallie McFague）在她的《說比喻》（*Speaking in Parables*）一書中，指比喻乃是「延伸的隱喻」（extended metaphors），即是說它們有啟動一種生活方式的能力，並一直延續下去，超出它們所產生的新頓悟之短暫光輝。

> 比喻是**延伸了的**隱喻——那個隱喻雖然不是以容許靈光一閃（一聲純美學或理性的「啊哈！」）的具體圖像而被道出的，卻是一種相信和生活的方式，它起初看似十分平凡，但又是那麼混亂的和扯離了慣常的環境，以致若果那個比喻是「有效的」，觀看者便變成參與者，不是因為他們一定要或純粹是想「弄懂箇中意思」，而是因為他們於那一刻已「失去控制」，或者就如新詮釋學者所說的，他們「被詮釋了」。他們本身的人生故事那安穩、熟悉的日常味道已被撕破；他們看到另一個故事——一種好像他們的生活一樣的俗世生活，由不一樣的「邏緝」所推動著，而他們開始（不僅是用腦袋）明白到，另外一種相信和生活的方式——另一種生活的環境或框架——對**他們**而言或許是一個可能性。[7]

麥菲在這裏提出幾點有關發生比喻式頓悟的情況，全都可與克勞生視比喻為顛覆手法的概念相容的。她指出，比喻遠非僅是一些故事，以教訓人一個論點或功課。它們反而是那些讓人體會到頓悟的顛覆活動，聽者在其中成為參與者，用一種新的方式去看生活經歷中的平常事，以致有一刻失去控制，或者被那個生活經歷作出一個新鮮的詮釋。一個新的「邏輯」給引了進來，它一方面尊重並帶著往昔的神話故事，同時它也為那人的生活開展新的「背景」或「框架」的可能性。比喻式體驗裏面所包含的隱喻，獲得被延伸之可能性。

我在早前所撰寫的《現代生活的危機經驗》(*Crisis Experience in Modern Life*)一書裏提出，比喻式體驗是一種述説經驗的方式，這概念所説到的情況可以是在牧養輔導關係以外進行的，但有時它又可以透過輔導關係之中那具詮釋作用的反思過程，而成為有改造作用的比喻式體驗。[8] 我在書中描述了幾個關於那方面的經驗，它們都是發生在我輔導里德太太(Mrs. Reed)期間的；那時我開始循著「生活經驗故事有可能成為比喻式體驗」這個方向，去思考牧養輔導。

我於六十年代初期輔導里德太太，之後我愈來愈欣賞到，若予以適當的關注，生活經驗的零星片段可以成為比喻小插曲，砸破人對自體和世界那確立已久的看法。鑒於那種持續不斷的關注，它們有可能發展成延伸的隱喻，提供一個新的詮釋框架，既延續那內嵌於歷史中的身分，又起著改造的作用。

在牧養輔導中最佳的比喻，很多時都是在輔導過程中「恰好」出現，而不是輔導員想插進去的、那些具説明性質或建議性質的故事。輔導員無須説故事；比喻故事在受輔導者的經驗中發生，然後才被挪來作比喻之用。一個自然發生的經歷，比一個由他人説出的故事，擁有更大的能力去「詮釋」那位經歷者。那些經驗中的比喻，展示出一種明顯屬於那人自己的能力，卻又奇怪地讓那人感受到，那是在自己所作的以外而發生**於**自己身上的事。有時這種觀點的二元性會帶來一種啟迪，最終揭露出重要的真相。

以下案例說明，輔導中的比喻式體驗怎樣可以成為延伸的隱喻，後者藉著它們那詮釋經歷者的能力，為生活創立一個新的框架或環境。個案還說明了觀點的二元性（我自己的體驗，而它又發生**於**自己身上）怎樣以錯綜複雜的方式，有時可以產生一個全新的指涉框架（frame of reference），而這新的一面在質量上超越了那人從前對自己生活的看法。

添・萊昂（Tim Lyon）是都會大公司裏一名專業建築師，他由他的牧師轉介來接受牧養輔導，原因是他不時抑鬱病發作，而且他愈來愈倚賴酒精，並因酗酒和冷待家人而導致婚姻出現愈來愈大的危機。添四十來歲，育有兩子，分別為九歲和十二歲。他一生都掙扎著，覺得自己不夠格，又感到自己的表現無法達到妻子或公司上級的期望——儘管事實上從外表看來，公司甚是敬重他工作上的細心，儘管他是辛勤有餘、卻是普普通通的。談到婚姻方面，他說求愛期間正值他接受專業訓練之時，一切都相安無事，「可是到結了婚之後，生活突然變得非常令人擔心！」

添是父母帶大的獨子。他形容母親是個充滿焦慮怕事的人，父親雖然在添出世時是小鎮銀行的高級職員，但他不久卻變成一個無望的和愈來愈無助的酒徒。添一些最痛的童年記憶，都是發生於他和父親一起去觀看大學足球賽的情況——添帶著充滿期待的心情去，而父親則袋裏帶著一瓶酒。球賽完畢，父親醉得找不到自己的車，而還是小孩子的添則要出盡九牛二虎之力攙扶父親回家；回到家時卻只見母親淚流披面，要他安慰扶持。添的自身性格描繪深藏著不夠格的感覺，並結合了一種務要成功的強烈內在需求。

不用說，與添進行牧養輔導，那過程既長且吃力，充滿無限挫折，歷盡千辛萬苦，他才先清醒過來，繼而接受自己和重拾自尊。輔導詳情實在太長篇，也無必要為我們這次有限的說明目的而細述。我想做的反而是專注於單一的比喻式體驗；它已成為一個延伸的隱喻，而添也開始圍繞著它來組織一個新的、被轉化了的框架，作為自己生活的詮釋參照。讀者們應記住這個經驗相對的重要性。它本身沒有引起改變的能力，而改變也不是因它而產生的。反而，若在其他經驗的環境中挪用它，不管是在輔導之內還是輔導以外，它都變得極之富象徵性，成為一個新的組織中心或框架，為添的生活找出一個新的意義方向。

添已經有一段日子對環境保育甚感興趣，而且在心理上未經太多反思之下，他把自己私有的舊車（一輛美國製造的耗油車）換了一部手動式換檔桿的福士兔子（Volkswagen Rabbit）。依我記得，他談到買福士兔子時，曾輕輕提過那是一部「較合我大小」的車子。添開始駕著新福士兔子上班後不久，有一天，他下班駕車離開辦公室來見我時，在公司停車場碰到一名同事，兩人正朝著只得一條行車線的出口駛去。那同事比添年輕，非常有闖勁，而且他一切都是為了爭取好成績。他駕著一輛銀色新款奔馳（Mercedes），車子還具備遮陽蓬頂和皮包座椅。當他們接近出口時，那同事揮一揮手，突然加速搶先，爭取第一機會躋身車流前列。「我匆匆駕著自己的福士兔子離去，在駛來這裏途中，我一路在想，我是屬於駕福士兔子的一幫，還是想跟坐銀色奔馳那老兄一起，在快線上奔馳。」

在輔導的那個小時裏面，添和我用了大部分時間一起反覆思想這段小插曲；它恰恰象徵著，他正掙扎著要與自己的過去及他對生活的欲求達到和解。那個體驗迫使他要正視擺在面前的抉擇因素。它不僅為添詮釋了他是誰和他可以成為怎樣的人，它以某種方式含有一種迫切的況味，使他需要找個方法，以脱離他的一向做法，即貶低自己為數不少的才能，但他同時又幻想自己永遠達不到外界對他的期望。

那次的事過去了，但在之後漫長的日子中，它所包含的比喻素質，成為了一個延伸的隱喻，寓意著添努力要與自己的生活和處境達到和解。他要駕駛一部怎樣的車，這個象徵還浮現出其他一些隱喻。我們開始談到「快線」與「慢線」。我提出「中間線」的概念。於壯志重燃、一發不可收拾之中，添一時衝動，把福士兔子換了一輛昂貴耀目的摺篷跑車。然而他一直不滿意那部車；車子讓他修長的身體擠得發麻，長一點的旅程，都會使他的背部疼痛不已。

期間，添開始表現出，他能夠確認自己在工作方面所擁有的技巧，而對於妻子明示希望他多參與家庭生活和多作主動，他也沒有像以前般感到受威脅。另外發生了一些事，逼他重視自己的才能之餘，也要接受自己的一些局限。後來在某一刻，這個用來詮釋他生活的新框架又再次聚焦於購買新車上面，但這次不是奔馳也不是福士兔子，而是一輛深獲好評、夠體面、價格頗高的沃爾沃（Volvo）富豪小房車。「這是一輛給中間線的好車子，我總不成要買一部每加侖走五十里的豐田（Toyota）呀！」

我們必須承認，在他接受了因那次停車場事件而引起的新延伸隱喻之後，添在很多方面仍然是從前的那個添；這一點十分重要。關於才幹與生活需求的問題，仍然是他心靈中的深層議題。不過他與該議題搏鬥時所處的那個舊神話框架，已遭顛覆：他開始經歷在生活上擁有某程度的選擇權，那是他前所未有的。

克勞生在另一本題為《在比喻中——歷史中的耶穌所發出的挑戰》（*In Parables: The Challenge of the Historical*

Jesus）的著作中，把耶穌在福音書裏所說的比喻，放在一個以天國為依據的時間框架之內來作詮釋。克勞生認為，那些比喻宣告了天國的時間性（temporality）及天國臨在的三個同步風格。[9]這三個風格分別是天國作為神的禮物而**降臨**（advent），天國將聆聽者的世界**逆轉**（reversal），以及天國予生活和**行為**（action）充權。[10]

降臨的比喻是在發現中得喜樂的比喻。迄今一直隱藏於奧祕中的東西，以一種明明可認的形式被揭示。迷羊、失錢與芥菜種的比喻，都是福音書中這一組比喻式言論的典型。在每一個故事裏面，降臨的比喻那具區別作用的特色是，在一件非常普通的東西裏面，人能找到非常不普通的東西。芥菜種長成大樹；丟失了的錢幣原來是價值連城的，值得變賣一切來擁有它；諸如此類。

我在牧養輔導中常常碰到一些有這個降臨特性的比喻式體驗。一次微小而似乎無關重要的經歷，突然間，甚至是不可思議地，被視為包含著一個那人在生活上渴望又或含糊地希望擁有的關鍵元素。那經驗隱含一種有超越可能的暗示。在某種意義上，添的發現就是這一種發現，雖然若要它完全具體顯示那個抉擇的果效，他就要經過多月的進一步輔導工作方可。

> 正如我們將會在比喻中見到的，在一個宗教的隱喻裏面，兩個主體——日常生活與那超越的——互相纏結得無法識別區分，而事實上，

> 我們學到的主要不是與神有關的東西，而是一個過日常生活的新方式。[11]

麥菲在此提出一個可能性，雖然當添把他的比喻式經驗挪用到那次停車場事件上時，並沒有涉及神或天國的語言，但是在一個隱含意義的層面裏，某超越的東西確在發生過程中存在。當然，於添漸漸理解那個經驗的延伸隱喻之際，他也比從前愈來愈主張自己是天國之子這個終末身分；從前他所過的生活背負著自我期望的重擔，包括不能自由自在地在「快線」上表現自己。在那個意義上，那個比喻式經驗對他而言是「來自神的禮物」。

那次的停車場經歷甚至更明顯是個逆轉的比喻式經驗。那個關於抱負和失敗的結構一直在工作和婚姻上如此煩擾著添，但它於同事坐在銀色奔馳裏那個清晰無瑕的圖畫中，給轉過來反對結構本身。他看那個人，不僅是他以前所做不到的自己，而且鑒於他自己的過去與生活狀況，更是那個他不再想成為的人。他對自己生活的願景，經歷了一次更靠審慎方向的修正。在他生命隨後的事件中，包括在最終放棄要駕昂貴跑車於那快線飛馳的那事件，那個新願景再三受到考驗。不過舊日以失敗的抱負這形式去看自己的做法，已開始逆轉。

按照克勞生的說法，行為的比喻是那些「描繪一些要求堅定果斷的行動、作及時並有力的決定的重要及關鍵處境」[12]的比喻。在耶穌說過的比喻中，半夜求友、不義法官、無知財主的比喻，都是屬這一種風格的例子。關於這一類比喻式事件的經驗，其特色是箇中的迫切性和具重大象徵意義的抉擇。

那個停車場的比喻式經驗，特別是如果從其延伸隱喻的背景去看，固然對添而言，含有加倍迫切要他作決定的因素。他的自我性格描繪的兩極，以兔子和奔馳作為象徵，必須得到調和。一是他徹底改變自己，從而使自己更符合那個在生活快線上駕著銀色車子者的神話圖像；不然他就必須依循自己那較審慎和實際的自我評量，以改造自己的生活方式和期望。任何一個做法都顛覆了舊有神話式的自體性格描繪。

因此，於隱喻正在積極地延伸期間，添一直致力解答的問題是自我接納的問題和關乎生活目標的妥協的問題。這牽涉到重大的抉擇，不僅是對他所擁有的才能要作出由衷的評價，也是艾里克森（Erik H. Erikson）所謂的，「否定」某些由於歷史已經改寫而他不再擁有的才能（現今與「快線」有關的才能）之絕對必然性。[13]

牧養輔導員作為比喻式人物

在克勞生對初期教會的形成的記述之中，他曾經作過一個重大轉折：歷史中耶穌作為說比喻者（historical Jesus as parabler）的角色，改變為耶穌作為神的比喻（Jesus as the Parable of God）的角色。

> 説比喻者成為了比喻。雖然耶穌在比喻中宣講神的國，但是初期教會卻宣講耶穌是基督，神的比喻……。
>
> 十字架取代了那些比喻，並且取代了它們的位置而成為最大的比喻。[14]

基督於十字架事件中顛覆了猶太的神話敘事——創造主神乃是宇宙之王——而十字架上的基督是神最大的比喻，這個圖像當然就是上文所指的、在作為終末時間的那個時間層次上那中心圖像的延伸。十字架上的基督，把歷史時間顛覆成為神在創世和歷史中活動的時間範圍。歷史時間之平凡，變成神在揭示及參與受造生命中的不平凡。透過道成了肉身，神成了在歷史生活中具顛覆性的臨在（Subverting Presence），從而讓我們親身經歷天國的轉化大能。

於此，我們可以看見一個新鮮的可能：在牧養關顧與輔導事工內，把道成肉身的神學作類比式的挪用。正如十字架上的基督是神最大的比喻，因此我們作牧師的，或可設法成為那些因過去生活問題而求助於我們的人的比喻式人物（parabolic figures）。在比喻式圖像之中，我們的職事成為一個顛覆的職事，就是設法藉著我們與他們同在的身分，從他們裏面改變他們生活的神話敘事。因此，牧養關係本身應該變為具比喻式的，給那人的敘事一個新轉折，為那個敘事開拓出一個新鮮的、活潑的可能性。像好比喻一樣，牧養關係可以是降臨或禮物的比喻，可以是逆轉聆聽者的世界的比喻，也可以是予行動充權的比喻。但亦是秉承好比喻的風格，好的牧養關係仍然保留謙柔的味道；在它平平凡凡、尋常無奇的況味中，它既代表著、並有時顯靈出那種不平凡——神的禮物。

9 結束階段：牧養輔導與基督教故事的羣體

這一章蘊含雙重目的，而兩者又互有關連。我們從幾個方法論的角度，檢視過在牧養輔導中關於改變的核心問題之後，現在我們需要考量一下改變的記號；而我們將以這些記號作為準則，以決定我們應否結束一段正規的牧養輔導關係。然而，倘若我們沒有深思過那進行**牧養**輔導的大處境——基督徒羣體的處境——我們就無法為該任務作出充分的考量。因此，我會嘗試以那個處境作為依據，以建立一套對正規輔導那結束階段的理解。基督徒羣體及其故事不但支持牧養輔導，並且提供那進行關顧的處境，即是讓尋求輔導者付託自己那不間斷的心靈生命的處境。

於此我又再次想起，牧養輔導員那處境性假設與典型俗世心理治療師那處境性假設之間的一個重要區別。俗世心理治療師處於俗世治療傳統之中，他們講的是對「失調」

或「疾病」的「治療」，而他們每每視心理治療的結束階段，是協助病人或當事人準備迎接「靠自己的力量」過生活的階段。結束一段心理治療關係，等如是為支持在「現實世界」環境生活，而終止治療環境。於是一個心理治療個案，是以在治療環境中提出一個人類問題作為開始的，而待問題得到充分解決、人足以無須「治療」也可生活下去，那個案便結束。

這本書所發展的、以詮釋模式進行的牧養輔導，呈現出一個稍微不同的處境，就是一個把人生視為客旅的處境；而這背景被置於一個羣體之內，這羣體對世上萬物持守著一個敍事願景或神話。因此，牧養輔導所提供的關顧，僅是信仰與生活羣體所提供的關顧那更大處境之一方面。牧養輔導員不是要「治療」一個「疾病」或者「解決」一個「難題」，而是試圖向人就關顧程序和先知式職事提供一個多少有些暫時的強化；而教會在其他種種職事中，也一直是以其他形式、與人在他們的生命中進行這工作。牧養輔導首先關注的心靈深層議題，與牧者們在宣講、敬拜、基督教教育、牧養關顧中所關注的議題，都是一樣的。牧養輔導能夠做到的，只不過是牧者對那些議題某些具體細節，作出強化的、更有針對性的回應。基本上，解決人類問題，被看成是掌握心靈生命中的深層議題。人遇到難題，就是提供一個時機，讓這些深層議題浮現出來。

當然，基督徒羣體所做的，並不僅是在關乎心靈生命的深層議題或個人生活的難處上服事人。教會在關心自己會友的福祉之餘，對社區和世界都有一個使命。然而，本書所關注的範圍，把我們的注意力引向基督徒羣體的處境，以之作為在該羣體之中關顧心靈的場地。

鑒於牧養輔導所處的生命週期及基督徒羣體的處境，我們可以清楚見到四組議題，它們都關係到牧養輔導的結束階段。第一是關乎轉介的議題，即在結束一段緊張的輔導階段時，輔導員要把人轉介回信仰羣體的尋常生活中。第二是一簇的議題，其重心環繞著的問題是：輔導員對於輔導過程的結果，可以和應該行使有多大程度的控制。第三的那簇議題——與上述那個問題緊緊相連的——是關係到，替一些與信仰羣體毫不相干的人所進行的牧養輔導。後者的這一簇議題，可以說成是牧養輔導員在傳福音上的責任問題。最後的是關乎關顧與服事之間的關係的那些議題。

關於牧養輔導的轉介問題，一般都是以協助那些於尋找專業輔助時經歷生活問題的人這個立場去考慮的。[1] 正如轉介事工是十分重要的，協助人結束輔導關係的工作，也是一樣意義重大的。無論受輔導者於輔導過程中是否隸屬一個活躍的信仰羣體，但當在輔導關係中一直對付他們生活深層議題的這項緊張工作來到結束階段時，那工作便會使一個問題浮現出來：自我形塑（self-formation）的過程怎樣才能繼續下去和得到栽培。那些結束一段輔導關係的人，如今需要以新的方式去挪用信仰羣體的幫助，好使他們在人生朝聖的旅途上，可以繼續找到支援和具創建力的激勵。

我們必須特別注意，自我形塑的主要場地從輔導關係轉移到信仰羣體，這個轉變不僅是因為在弔詭身分（paradoxical identity）的張力中，人生朝聖之旅永遠不會在人類有限的存活範疇中得到徹底的完成，更是因為那維持這種人生朝聖之旅的，基本上是一個社羣過程。惟有一個有著共同願景和敘事結構的羣體，方能有意義地維持那種持續對話和共同經驗的標準，讓基督徒朝聖之旅的人生有可能延續下去。透過種種經歷，即共同的崇拜和聖餐禮儀，藉著教會的講道及教育生活來詮釋及重新詮釋羣體生活的範式圖像和文本，以及最重要的是，透過信仰及意義那共同的精神特質其具承擔的能力，朝聖者的心靈為那必須在輔導終止後繼續走下去的旅程，找到一個處境化的棲所。[2]

當然，我們必須承認，基督教地方教會之間分別極大，不管是在作為擁有共同敘事願景的羣體之集體生活質素上，還是在對待為心靈深層議題能進一步成長而尋找適合處境的人之接受程度上。觀念上，教會應是這樣的一個羣體：在其中，基督徒生活的深層敘事結構不僅是定期地和具想像力地被化為儀式及加以頌揚，更是以不同方式被予以探索及重新詮釋，為要盡量擴張那個敘事在個人和社會層面上、作為生活意義和目的的架構的極限。在基督徒個人來說，這意味著，地方信仰羣體應該是一個源頭，在他邁向進一步整合和成長的路上予以支持和激勵。但是，正如莫特曼（Jürgen Moltmann）提醒過我們，教會的身分，和個人身分一樣，都是個弔詭的身分。[3] 教會本身既是個內嵌於歷史中的羣體，也是個被召參與天國降臨的羣體。因此，某一地方教會實現目的的能力，與個人的能力相比，在程度上箇中差異就極大。事實上我們不難見到的是，受輔導者對自己生命已作深入的探索——這是輔導期間所要他們作的事——卻難以找到一個教會或者教會裏面的一個小組，讓他們因大家有共同的關注而覺得特別投契。對那些人來說，典型的教會活動或團契，似乎流於平庸和膚淺。對那些正要結束輔導的人，牧養輔導員要特別著重鼓勵和支持他們去尋找最佳處境，以繼續過信仰和成長的生活，並且把他們在輔導中所獲得的新願景付諸行動，使教會變得更容易察覺別人的需要。稍後將會就這方面作更詳細的討論。

關於結束輔導後，人必須在其中繼續其朝聖之旅的那個更大羣體處境，第二組清晰可見的議題必須關係到，人要承認在掌控結果上所出現的局限。以詮釋模式進行的牧養輔導，雖然絕對認真看待輔導員的角色，視之為猶太基督教所共有的理解視界的代表，但是它並不假設，受輔導者因此而在其生活上會挪用基督教信仰的敍事結構。在自體作為「生命猶如文本」的這個範式圖像中，以及在透過理解視界的融合而產生的改變圖像中，都隱含著一種基本的尊重：尊重個人心靈有權以詮釋學的方法去建構自己的生活。在視界融合的相互遊戲及痛苦之中，基督教的理解視界所存的風險，與求助者所帶來的視界所存的風險完全一樣。在檢視個人心靈為於歷史上生存的具體問題而有的種種掙扎中，其象徵和意義的力量就在嚴酷考驗中受到試驗。那個歷程的結果不可以、也不應該是預先決定了的。那已啟動的過程是一個必須予以信任的過程，儘管其將來不但會受到人為錯失所支配，也會受到神為那人所作的工影響。從神學角度而言，這意思是說，牧養輔導員相信聖靈的工作。最後的結局就留給一個更大的過程來決定，而不僅僅是靠輔導本身的。

然而實際上，關於結局的這個議題浮現出意義深長的一面，是關乎兩種輔導情況的一個差別：一是輔導一個曾經非常投入基督徒羣體生活或者在該傳統中長大的人，二是輔導一個除了由俗世化基督教歷史所塑造的大眾文化之外，就從未接觸過那個傳統的人。在頭一種情況底下，我們可以合理地預期，那忠於以詮釋學模式來進行的牧養輔導，其結果將會包括改變個人在生活上挪用基督教象徵和意義的方式。透過兩方面的作用，一方面是在輔導關係中基督教視界所作的含蓄表述，另一方面是對於基督教種種意義模式的交談所偶爾起到的明顯相互作用，我們可以預期，輔導過程會產生重大影響。我們可以在有意識和無意識這兩個層面，重新考慮歷史上老一套挪用基督教意義和故事的方法。對這些人來說，輔導的結束階段可以頗為自然地和非正式地包括考慮一個問題：在哪處和跟甚麼人一起，才能延續對人生作基督教反思的過程。

有些人在輔導前的人生故事，並不包括特別著重挪用基督教敍事及其意義；為這些人進行牧養輔導，就會呈現一組稍為不同的結果議題。我們可以或應該期待牧養輔導作何等程度的誘導，以使受輔導者參加並全然投入一個基督徒信仰羣體，從而履行牧養輔導在傳福音上的職責？這樣的一個傳福音的目的，會否抵銷以詮釋模式進行牧養輔導的主要目的，即「從裏面」改變人生敍事？輔導員對他者的視界所持的開放性，豈不會使那期待輔導能履行傳福音任務的心態，受到極大抑制？

也許我們必須承認，由於「傳福音」一詞——特別是在美國新教圈子中——所傳遞那意象性的言外之意，使得我們這一代人在詳細思量這個議題上，變得更加困難。該字詞所產生的那些圖像，每每是要向別人作多少有點過於冒進的「見證」，訴說著信奉基督教是如何如何至關重要的。少數牧養輔導員想見到，他們的輔導擁有那種形式的傳福音目的。然而，在一個更廣闊和更稍微溫和的意義上，那支撐著詮釋理論的基本神學架構——正如我已經指出的——預先假定了，牧養輔導員是以代表的身分來行使職責，所以在某些意義上，他或她是基督教信仰模式的辯護者。牧養輔導員於輔導關係之中臨在的身分，不管是作為比喻式的人物，或是在融合視界的遊戲和相互影響中的伙伴，還是作為以第七章所描述的方式來受苦的人——牧養輔導員以所有上述形式，來「見證」那個支撐著他或她的臨在的基督教信仰視界。在輔導處境那嚴守紀律的自由之中，牧養輔導員對基督教願景的委身，有可能、而且很多時間一定會被清楚表明出來。

因此，以這個模式進行的牧養輔導可能出現一個結果，相當於一種改變信仰的經歷的形式。在輔導前未以基督教信仰的象徵及意義為準則的人生故事，或會變成與充滿那些圖像的輔導過程的視界，融合起來，使得個人的敍事結構開始與基督教敍事結構的元素，糾纏在一起。在甚麼範圍及程度上公開承認那個新融合，則是因人而異的。但是不管那發生的程度是怎樣，牧養輔導實際上已經實現了傳福音的目的，而且不管結果是好是壞，它也必須對結果負上一分責任！對於這些人，牧養輔導員在輔導的結束階段期間所採立場，就包括要小心處理兩種態度的混合：一是尊重個人有權以自己認為合適的方法去繼續自己的朝聖之旅，其次是確認那人應尋找一個可繼續旅程的社會處境。對於從事輔導員工作的堂會牧師來說，這意味他或她要保持一種冷靜的客體態度，以看待箇中可能存在的差別：甚麼是對這人最好的；或從為其教會增添一個新信徒的角度而言，甚麼才是值得擁有的。

當然，牧養輔導所得的結果是含糊的，即意味說，道德與靈性結果也是含糊的。因此，牧養輔導與任何人類冒險事業一樣，都是含糊的。牧養輔導不會、也不能保證結果一定是道德正確的，或者結果是一定會持久的。然而，這並沒有免除牧養輔導員對結果應走的方向作出適當關注。基督教的牧養輔導，確是要關注怎樣才能得出一個更能完全分享天國成果與可能的結果。

牧養輔導結束階段使人清楚看到的第四組議題，是從那可被稱為比喻式的轉折（parabolic twist）——全面挪用基督教福音所必須的——所浮現出來的。到目前為止，關於受輔導者返回基督徒羣體的日常生活，我們所談到的論點可能會令人以為，那個羣體的生活主要是為了栽培和支持自體的生命。但事實顯然並非如此；作為相信被釘十架的神的羣體成員，其生活就是服事和期盼天國降臨的生活。在那種生活之中，一己受苦的這個事實，給轉化為充滿創建力的目標。人的軟弱化為力量；人心靈的貧乏化為寶貴的資產，讓自體向他人的痛苦敞開。

因此，結束對心靈生命作專門而特定關顧的階段，那應有的標誌是：從著重自體及一己的福祉，轉而關心他者。對人自己心靈苦況的深度及複雜性所具有的清晰體會，就必須轉而成為更敏感於他者苦況的表述。[4] 事實上，基督徒羣體的處境對牧養輔導有重要的一面，就是它在輔導期間及在輔導之後，都一直是個提醒，以指出那人總是惦記著關於自體和心靈的議題，雖然這是無可避免的，卻只是暫時的事，而且有助於促成基督徒生活在自體需要以外那更廣大的目的。於此，基督徒處境，倘若得到輔導員和受輔導者雙雙充分挪用的話，就會體現一種特殊的逆轉：很多當代文化的價值觀，以及這文化以實現自體為生活主要目的的強烈傾向，都會得著逆轉。那種價值觀的逆轉，究竟怎樣在輔導關係中，尤其是在關係的結束階段中，被明確地或含蓄地呈現出來，就因個案而異。不過，如果牧養輔導要徹底表達福音，那個逆轉就會顯明自己，並會找到一些合適的確認方式。

輔導的結束階段所發出的信號

我們考量過在以詮釋模式進行的牧養輔導中，一些關於輔導結束階段的處境化假設所具有的含意，現在我把注意力轉移到輔導的結束階段所發出的信號。在行為上、詮釋上和關係上有甚麼徵兆，以表示著我們已經到達結束的階段？當然，我們應該記著，好像輔導的開始一樣，終結也是相對的事情。有些人覺得，自己心中某個問題已得到滿意解決，便想終止輔導。另外一些人覺得，自己的焦慮或其他的煩惱感覺已減退了不少，足以讓他或她不用輔導員的協助，也可以繼續其朝聖之旅，於是便終止輔導過程。還有另外一些人，心靈深層議題剛剛開始浮現，便貿然退出。然而，我在此仍會認為，輔導過程已投放了足夠的時間和努力，讓較早前篇章所描繪的詮釋循環的經驗得以進行。那麼，有些甚麼信號，告訴我們生活已回歸尋常，而且是適當時候為輔導所必須有的、審慎的自我審視來一個結束？

(1)**整合與整全的一些信號**。要辨認這些信號，也許比用文字來形容它們，更較為容易。在臨牀的環境中，它們往往是最早被辨認到的記號，以顯示出健康程度的意識比於輔導關係較早期所表現的，高出一線。身體姿態與動作、情感流露的合適與自然程度、談話間所顯出那人已投入日常生活的共同迹象，全都開始標示著整個人對生活的所有方面的投入，已邁進一個新的水平。那些顯示（於那人而言）可用的能量等級較高的信號，表示那用來控制舊有衝突的能量等級正在下降。在談到那人生命中重要人物時所出現的盲點，變得不是常常那麼明顯可見和令人煩惱的。情緒也不會那麼大起大落，而且當情緒發作之時，那情也比較與目前生活情況相關。自尊和自我批評都開始更貼近現實，而較少成為日常關注的事。

牧養輔導員從受輔導者的裏面來認識其心靈的神話世界，而當那人進入一個令人滿意的結束階段時，輔導員就會一直監察，那人自體及其他性格描繪的舊碎片、生平故事情節的舊脈絡，以及經已斷絕的舊感情聯繫，是怎樣開始在一些嶄新和已經轉化的、用來觀看和經歷自體與世界的關係的方法旁邊，集結起來。是否有某種實在論（realism）開始進駐了生平故事之中——它欣然擁抱自體正面與反面的事，感到好事壞事參半，並覺得自體的生命中既有可能性、也有局限？

（2）**行為改變與關係改變的一些信號**。儘管詮釋理論所著重的，看起來好像是改變意義的詮釋過程，而不是改變行為的模式，但適當地終止輔導的其中一個重要信號，其實正是關係中行為上的改變。這說法是正確的，因為以詮釋模式進行的牧養輔導，它其中一個前提就是，行為和意義是環環相扣的人類表達方式。正如較早前，根據利科（Paul Ricoeur）對佛洛伊德（Sigmund Freud）的心理分析理論的詮釋，我的推斷曾建議：人類行為的動力是力量/意義動力。行為表達意義，正如意義是行為的含義那象徵性詮釋一樣。因此改變了的意義結構，與改變了的行為模式是緊密相聯的。

考慮到該理論在行為與意義方面的這些前提，所以我們或可以預期，輔導結束階段的行為信號，會具備一個特徵：關係中的行為，與輔導所喚起的意義模式那些浮現的轉化，具有某種的一致性。看到重要關係中的行為與浮現的、已轉化的意義模式是多麼不一致，我們就可以假定，具轉化能力的過程仍然停留在一個表面層次，還未能滲透進那些讓力量/意義動力真正起塑造人格作用的詮釋和意義層次中。換句話説，如果對重要人物所表現的行為是以一些與浮現的意義相一致的方式來轉變，那麼我們就可以假定，一個更深層次的重要轉化，業已發生。

第八章所舉關於添·萊昂（Tim Lyon）的例子，也許説明了不斷變化的詮釋模式，與改變了的行為，兩者之間是環環相扣的。添在過程中段買了一部昂貴的摺篷跑車——被指為那延伸的隱喻——這就是一種行為，表示著他渴望超越或跳出自己的歷史以及那歷史對他的意義。我記得那一刻，他説出自己一廂情願地希望購買和駕駛著那輛車子的行動，將會為他「做一點事」。但是，那輛跑車跟他所浮現的、看自己是個有才能但也有局限的人之間的意識，很快就顯得很不相稱；在行為上如是(他駕著那部車時心裏總是覺得不舒暢)，在它的意義上也如是(「那跟我的身分不符！」)。只有等到他開始更能實事求是地接受和珍視自己過往是個甚麼樣的人後，他購買另一款新車的行動，方能漸漸更能不受約束地表現出他過往之所是。我們要承認的一件有趣而且重要的事是，添結果買了一輛相對名貴的轎車，以表示在他的自我理解中仍然有對立面，而且他的生活衝突仍存在能動力。那部車子比豐田(Toyota)汽車更昂貴，但不像那部跑車般炫耀得過火。它維繫住他舊有的衝突，不過其所用的是一個新的、而且更實際可行的方法。

(3)**心靈生命一直存在的議題變得清晰的一些信號**。剛剛引用過輔導添的例子，這例子也説明了輔導結束階段的另一系列信號，就是心靈生命中的一些深層議題，變得愈來愈清晰。添談到誇張的雄心壯志和所體驗的失敗時，他把相關的議題説得愈來愈直接清楚，而延伸的隱喻在這個框架裏面一直起著作用。他開始全然掌控這個議題，把它當作是他生存的一個給定事實，深深植根於他的歷史和他自體的核心衝突裏面。雖然他接受這個議題是個不能逃避的給定事實，但他仍能以較大程度的整全性與它周旋；這個議題本身開始賦予他的生活一個意義架構。議題變得清晰，這也開始使目的與意圖變得清晰起來，把議題所包含的生活現實都得到考慮。

並非所有深層議題都可以像我們在討論添的生活所考

慮的議題一樣，被鮮明地繪畫出來。也不是所有人都可以把自己生活的深層議題，表達得像添那樣清楚明白。大多數心靈的深層議題都是多面的，而且充滿微妙差異的。然而，那更重要的可能是，當人來到輔導的終結時，他能夠對自己生活中的深層議題，生出一些相對地清晰的概念，過於他能夠一一說出那些議題所具備的細微差異的枝節。因此，人要保持一種繼續朝聖之旅的意識，就要倚仗在心靈生命中保存一份「未濟」(not yet)或未臻完全的意識，正如人亦要倚仗能喚醒一個對將來充滿盼望的可能性。當然，這樣保存一種「在路上」而不是已經「抵達」的意識，其一個方面是一種被加深了的、與其他人連為一體的意識，甚至是在「未濟」的狀態中與萬物連為一體的意識。人一旦看清楚一直在自己心靈中那些揮之不去的議題，便能清楚地看到在別人心靈中存在、持續不散的議題。

(4)**對超越性和比喻式事物持開放態度的一些信號**。在我較早期的著作《現代生活的危機經驗》(*Crisis Experience in Modern Life*)裏，我嘗試發展「對人生經歷作道成肉身的照料」(incarnational tending to life experience)的觀念，以試圖在人心中引起人對「神在日常生活事情中，透露自己顯現的那些記號與徵兆」，抱持一種開放的特性。[5]當時我的想法是，倘若人想過的生活，是抱著一種對盼望與期待的詮釋，相信神在世上道成肉身，那麼人就需要擁有那體現信仰的開放作風。第八章的研究提出，道成肉身式的生活方式有一個特性，是某種比喻式的開放態度——傾向於把日常生活事情，詮釋為超越性的比喻。我在早前的討論中也曾説過，在比喻式詮釋中，非凡的東西是在平凡中被顯露的；那些具轉化力的可能性，是在轉向平凡的敍事經驗中被找到的。

有不少事情會發生在眾多成功牧養輔導關係的過程中，而假設其中一件事就是那些人能夠挪用自己的人生經驗，把它們當作偶爾具有比喻式能力的，那麼輔導結束階段的其中一個信號，也許就理當是人對此類經驗變得愈來愈開放。好的輔導應該不只是帶來更強的自我覺察，還應該使人開放自己，愈來愈覺察到在他們自己生活中大量事件的重要意義。也許最能保持人對朝聖之旅的意識是活潑及有效的，就是人肯以比喻方式言説那些大量的事件。轉化是過程，而過程主要是以比喻的方式向超驗事物敞開。帶進輔導結束階段的信號，倘若聽似表示：「這個那個發生了，我不得不這般那般想；我發覺自己想知道那個經歷在向我説些甚麼。」這就顯然是人對比喻培養出一份開放態度。它們發出一些信號，以表示出一個過程已被產生了，而那過程的將來要超越這段輔導關係本身。

(5)**挪用終末身分的一些信號**。至此我們將會考量一個主要具規範性的準則，用以評估人是否準備就緒，在完成牧養輔導過程之後，在人生朝聖之旅上繼續前進：使人恢復某程度上的意識，以分享自己是神的兒女和天國繼承者的身分。在對身分所作的神學理解中——那理解取自莫特曼的——超越性在人的朝聖之旅進入未來的那途徑，就是在目前的歷史過程中人參與種種預期可能的天國生活的途徑。單靠人力，人不能克服其內嵌於歷史中的這個特性，但是我們透過挪用終末身分，人就能在歷史生活的平凡況味之中，體驗天國的臨在和能力。終末身分能夠讓人可為將來而活，並且對神將會帶出的未來其所具的吸引力，持開放態度。

我們必須弄清楚的是，我在這裏所說的，是超出或低於那僅對天國生活的可能性所作的口頭或理性贊同。挪用終末身分，牽涉到全人的回應。事實上，它可能會、也可能不會涉及我在這本書裏用以聯繫終末身分的那些語言象徵。但是挪用終末身分確實牽涉到一個可下定義的和可作識別的立場之形成；那立場是在所有關係中朝向自身和世界的立場。它牽涉到一個在所有方面都朝向時間的特殊立場。

人開始挪用自己的終末身分之後，他或她的立場便會包括挪用其對自己的歷史和朝聖之旅所採取的某種態度；那態度或許最好用**接受**（acceptance）一詞來想像。一個人接受自己的歷史，這不僅是以它為一己的過去，所以在人變成現在這個人上是獨特而必須的，而且是以它為給將來定下某些限制和可能性的設定。從前反對自己歷史的抗爭，會被提升至某種更廣闊的接受程度；那程度是接受了，一己的歷史是有分參與在萬有的歷史之中，而萬有的歷史最終依據一個可信的奧祕的。人生朝聖之旅將會減去點點孤寂；我的朝聖之旅與其他人的朝聖之旅，已被連結起來，這實在是與所有對自體而言是他者的人的朝聖之旅結合了。正如俗話所說，自體將已「加入人類行列之中」，不再看自己和自己的掙扎是獨特的或者是個例外。自體的朝聖之旅，雖然是獨特的、而且不能撤回地屬於私人的，但它卻加入到那屬於所有人的、包含存在的所有方面的、更廣大的朝聖之旅的行列之中。

這種對終末身分的接受程度，其信號往往是自體減少了對自己的關注，而且同時伴隨著的是對別人的關心和與別人交往的能力的提升。在重新挪用和重新詮釋自己的苦難之中，人亦已變得更敏感於別人的苦難。人本身內嵌於歷史中之特性其所具有的弱勢，很大程度上已被轉變為優勢——擁有一種被擴大了的能力，以關顧其他陷於其本身歷史處境中的人的利益。自體不再因那些威脅其自己生存的要求和壓力而被耗損，反而自體透過參與一些與別人一起、朝向以天國精神來更新生命的活動，愈來愈得著滋養和滿足。「他因軟弱被釘在十字架上，卻因神的大能仍然活著。我們也是這樣同他軟弱，但因神向你們所顯的大能，也必與他同活。」（林後十三4）

為免讀者以為我對挪用終末身分的理解，包括那近乎烏托邦式的願景，即牧養輔導必能產生好結果，或許有一件重要的事是需要做的，就是我要在此清楚明說，情況其實不是如此。弔詭的身分，在輔導完結之後，仍然是弔詭的。生活繼續有起有跌，時而緊張，時而歡樂。但是對一個人來說，他已經開始在一個深層次，讓自己部分的敍事沾染一種氛圍，表示自己在神為萬物所作的工中有分；所以連艱難時期也會瀰漫著一種素質，而最能代表那種素質的標誌就是盼望。在盼望與絕望之間的張力中，一種充滿盼望的整全素質，將會標示著在弔詭身分中有新的平衡臨在；藉著一種對自體在神裏面的未來，並對自體在萬物因「未濟」而有的受苦中參與，持開放態度，內嵌於歷史中的特性將得以平衡。

於是，牧養輔導關係的強烈程度來到終結。兩個人的理解視界融合在一起，其目的是為求助者提供針對性的服務；而至此，兩人之間的特殊關係返回尋常，大家只是在朝聖途上的同路人而已。求助者回到尋常的生活，在日常處境的人際關係中尋找朝聖之旅所需的養分和激勵。如果輔導進行得宜，求助者從輔導員身上找到一個伙伴，藉著那伙伴在輔導關係中臨在所表現的素質，以及藉著他或她堅持心靈生命的議題是可以勇敢面對的態度，這個伙伴已把自體的詮釋學（hermeneutics of the self）朝著一個新鮮的、更活潑的可能性開放。如果輔導進行得宜，求助者亦會發覺到，憑藉聖靈大能的奧祕，我們面前鋪滿無數可繼續旅途的、活潑的可行方法。生活在其尋常之中，在其內嵌於歷史中的這特性之內，神所應許的非凡可能性已開始被揭示出來。

對牧養輔導員來說，一段輔導關係的結束，既帶來滿足感，即懷著助人目的而進到別人心靈生命中；亦帶來或許叫人謙卑的確認，即我們必須承認並非人所有希望做到的都能完成。對輔導員來說，可能還有一些事必須承認：於助人之中自己也得到幫助；在與別人的視界融合之中，自己的視界也得到擴張。輔導員也會對聖靈臨在(Spiritual Presence)存著一份感激之情；藉著聖靈臨在的大能，任何達到的改變都變成可能。輔導員被這種感恩意識支撐著，以致他或她也許可抱著復興了的盼望和期待，轉而輔導下一個求助者。

結語

這本書以審視牧養輔導近期的歷史作開始，我們既看過該專業範疇的文獻內的議題，也看過本人替輔導職事尋求一套合適的理論的故事，似乎以前瞻未來來給本書作結，也未嘗不是適當之舉。牧養關顧與輔導的故事是個開放式的故事。就好像心靈生命的議題一般，這個專業範疇的議題也是既持續不絕的、又不住改變的。因此那重要的是，當讀到一類像這本書的書籍時，人不要看它為一種努力成果，為要企圖結束那段在專業範疇內一直就有關議題而進行的對話；卻要把它看作一種為將來的發展和討論而指出方向的努力成果。

寫成此書後，我有些想法聚集在五組議題之間，每一組都足以成為進一步研究的工作議程；這不僅是為我本人而設，更是為其他以稍微不一樣的歷史和觀點來看待這些議題的人而設的。這一章既然是結語，我不想在此完全詳細闡述這些議題，而只想列出這些議題，以引起讀者注意，視它們為值得進一步研究的項目。既然那是我的意圖，就讓我們以問題的形式把它們列出，好呼籲人來進一步探討它們。

(1)假設在心理學那邊所建立的詮釋理論，是以心理分析式客體關係的理論基礎作為根據的，那麼準確地說，在精神的生活之內和人際間的生活之中，人格動力(personality dynamics)與意義的敘事模式之間，存在著甚麼關係？

當然，這是重申利科(Paul Ricoeur)以力量和意義的語言所道出的那議題。對於自體在決定行為及關係模式一事上，哪一個是更基本的：力量還是意義，人格動力還是意義和象徵意義的模式？在這本書裏面，我已經指出這些過程是環環相扣的，並偶爾用「力量/意義動力」(force / meaning dynamics)這公式化陳述來表明，心理功能的這兩面是如此糾纏在一起，以致它們雖然或可分開，但卻是互相卡住的。但是它們究竟是怎樣互相扣住的呢？

讀者可能已經意識到，前幾頁的文字在力量/意義這方程式中，相對較重視意義那一邊。目前來說，我會看這個不平衡首先是一種強調的方式，因為我的意圖是提供一個改善方法，以矯正牧養輔導近期過於專注思想及語言的動力模式的那個取態。強調方程式那詮釋的、象徵的、意象的一邊，使與神學的對話可以更容易取得一個途徑，特別是神學近來對敘事重新提起了興趣。

然而，在另一個層次上，對象徵意義和敍事詮釋的模式的強調顯示出，自體／自我的動力衝突（dynamic conflicts），怎樣在臨牀的處境中向牧養輔導員呈現。這種情況的出現，原因不僅是因為在求助者眼中，牧者作為輔導員是關注意義、象徵和人生故事的人，也因為動力衝突很自然會以這些形式出現。正如佛洛伊德（Sigmund Freud）曾經就本能內驅力（instinctual drives）的理論説過，動力衝突只會在它們的「表象」（representations）中才得以看見。只有靠詮釋的過程，它們的存在才有可能被洞悉。而且，自我動力功能的改變，其所涉及的甚少是所謂「赤裸裸」的體驗，大多數是透過詮釋而從關係上認出它們的臨在。在那一點上，對求助者來説，用以分析和詮釋這些動力的心理學語言，在用途上，就比不上一般説話的日常用語。因此，牧者在牧養輔導的日常工作之中都要熟知，很多方面的注意都主要在這些場域以內起作用：生活中力量與意義的衝突、動力的衝突，以及人本身在詮解釋自己經歷上所作的努力，它們所包含的圖像、象徵、性格描繪及敍事的表達方式。

但那議題仍然在於那些在自體中及在其身處的處境中的力量，究竟是怎樣與意義和象徵圖像連繫的，甚或是力量語言有多大程度能適用於心理學。這是個人類學的問題，所以不應就此留給心理學家去解決；這是個對教會和職事都關係重大的問題。

（2）對於以詮釋模式進行的牧養輔導，最好是把它看為傳統上稱為屬靈指導（spiritual direction）的一種形式，還是最好把它想像為一種以神學為向度的心理治療的形式？

這是個多方面的議題，它擁有實行上和理論上的含義。無疑，如果好像我在這本書裏面試圖做的那樣，自覺地把塑造牧養輔導員立場的理論架構側重於神學方向，就能打開一個可能性，讓關乎生活難題的輔導與關乎心靈的輔導，結合起來。事實上，其中一個對這裏所提出的理論有利的論點是，在心理學的文化中，對生活難題的關注與對心靈生命的關注，已經分開得太過了。我們必須設法讓生活的語言和心靈的語言，回復到更密切的連合。

在現今世代，屬靈指導傳統已常常傾向與某些形式的祕傳的（esoteric）宗教語言和操練，扯上關係。這是事實，儘管有、亦因著有一些好像盧雲（Henri J. M. Nouwen）[1]那樣精通心理學的屬靈指導學人的努力。它在根本上與宗教神祕主義（mysticism）和私禱習慣的關係，已被利用來製造一種他世性（otherworldliness）的氣氛，或使人為了過恪守紀律的心靈生活，而從日常俗世事務中退隱。

一方面是把日常生活中對難題的關注心理學化，另一方面是把宗教生活和熱忱屬靈化；以這兩方面作為背景，這裏所提倡的牧養輔導模式，可以被看成是一個介乎心理治療和屬靈指導之間、大概位於中間點的另類選擇。這套詮釋理論，基本上是關注到自體那經歷過日常關係生活中的難題和危機的朝聖旅途，但同時也關注到自體的弔詭身分——植根和建基於神和天國降臨——的那一方面的形成。當然，在這一點上面，這套理論便會成為一種坦然的、毫無顧忌的認信。因此，只要輔導員帶進輔導關係的理解視界包含對信仰的認信，它就需要一種屬靈指導的形式。但是只要那個理解視界表現出一些處理自身內在的和關係上的活動的心理學方法，那就屬於一種清楚可辨認的心理治療形式。這個模式在設計和意圖上，都帶有兩方面的特徵，是職事的一種心理和靈性兼容並蓄的形式。

這裏展現一大堆有關跨學科準則的理論及實際議題；牧養輔導應怎樣進行，就是基於這個跨學科準則，不僅牧養輔導專家需要遵守，堂會牧師也要遵守；堂會牧師這職分的日常工作事項更為廣泛，而且是關乎要為那一羣被識別為基督徒羣體的人作道德及屬靈領導的。牧養輔導從業員和理論家都一樣要就這些議題，作進一步的反思和智性分析。結果很可能是，牧養輔導員要從屬靈形塑與指導的經典文獻學到的，與我們從心理分析與心理治療的現代文獻中學到的，其實是一樣的多。

(3)關於長期的及短期的牧養輔導，針對難題而進行的牧養輔導究竟有甚麼問題？

很多堂會牧師和其他人，在讀過這本書的方法論篇章內所詳細縷述的各種概念，如理解視界的融合、牧養輔導詮釋循環，諸如此類之後，甚可能會驚歎，他們怎可以照這些觀念所假定的，為單一個人獻出那種時間和精力。同樣地，有些人或許已經著手為輔導找尋一個針對難題的架構，那架構的焦點會落在解決實際關係上難題的方法、緩和處境或危機壓力，以及協助人盡早轉向使用費時較少而又唾手可得的途徑，去解決自己的需要。

在我解釋那套理論的時候，我一直都堅持，其基本概念對短期及長期的密集輔導會談都是一樣適用的。在構想那套理論時，我們似乎需要在數個方面假設，牧養輔導關係是長期的。不但很多牧養輔導專家所建立的輔導關係會變成長期關係，堂會牧師，尤其是那些在同一間堂會服事多年的牧師，也會建立一些橫跨多年的牧養關係。這些關係，可能在某些期間變得極其密集，隨後僅是一些間歇性認真交談的時段，以及每星期在崇拜或教會其他聚會中碰頭。在這兩種情況之中，任何一個情況都大可把短期關係，視為開始或促進一段生活歷程，而這歷程可預期會差不多無限期地持續下去。

為發展這種延伸形式的模式，另有一個前設準則是與一個評價有關：處境化的問題，不論是婚姻及家庭生活上的問題、職業方面或者好像生病、喪親等處境方面的壓力，最好都是從總體生命歷程——整個生平故事——的關係角度來理解和解決。把自體各方面都整合起來，其所需要的是，解決難題必須成為在解決總體生命難題中那不可缺少的部分，或者以上文所用的說法，必須成為在心靈生命那深層議題的解決工作上那不可缺少的部分。那些關於種種處境化問題的議題顯露出來，讓人得以在那些方面加倍努力，於經歷處境化或「難處」的緊張時期中，尋找那具創建力的解決方案。關顧心靈的職事，其所要求的是必須努力協助人將生命中的事件與關係，連接到這些心靈的深層議題上，也連接到在神裏面給心靈生命的大好信息上。服事人的職事有很多意思，其中一個是幫助人看他們自己的生命——生命不是一串個別獨特的事件及難處，以為每件遇上的事都是可以從一段人生中、在最深和最終極的層面上，分隔出來的。

然而問題仍有待進一步研究：在一些急不容緩、明顯是短期的問題處境中，例如罹患致命病疾、痛失親人、面臨離婚、家庭衝突等，這套牧養輔導的詮釋理論能否在職分中充分體現出來？因著為適應更改的時間界限而有的改動，求助者在需要及目的上所作的變動，以及在配合牧養輔導員的限制和優先處理事項而有的相應改變，我相信很大程度上那理論是可以體現出來的，儘管那是先要在目標、方法及結果上，作出重大的改變。然而，這個議題在實行和理論這兩個層面上，都值得予以進一步的研究。

(4) 對牧養**輔導**理論採取詮釋進路，能否為堂會牧養**關顧**理論提供相應的基礎呢？然則，對於職事的一般理論，一套詮釋理論又會有——倘若有的話——一些甚麼含意呢？

傳統上，牧養關顧與牧養輔導的區分在於一個問題：向牧師求助的人所帶來的，有沒有一個在關係或生命抉擇上的聚焦難題。希爾特勒(Seward Hiltner)在其一九四〇年代的經典著作《牧養輔導》(*Pastoral Counseling*)中,使用「輔導預工」(pre-counseling)一詞來形容,在一些人還未有一個聚焦的難題需要該種輔導來針對之前,牧師大部分做在他們身上的個人工作。[2]「牧養關顧」一詞,一般都是用來指牧師的職責:他或她與不同的人或家庭在關於生活尋常事宜上的日常接觸。生、死、嫁娶、過渡及決斷時期等情況,為需要和期望提供一個寬鬆的架構,讓牧養關顧職事來訂定議程。牧師的角色象徵著他是代表基督徒羣體作出關顧的主要人物,這讓牧師獲得授權,在人日常生活那連串事件中,主動表示願意為他們服務。

當實行起來的時候,這種一般對在牧養工作中的關顧所具備的圖像,存在著其中一個風險,那就是,牧師變成一位僅是帶來溫言軟語、以之表達關心和支持的人,他一般的關顧意圖並沒有成為特殊的關顧。牧者的關顧意欲,沒有連繫到人們生活中的深層議題;而那些議題卻是正在塑造著那些觸發牧者作出關顧的事件經歷。

於此,倘若把詮釋理論當作一套普通理論,用來理解人生活中事件和行為的敘事結構,那麼,那詮釋理論便會為牧者提供一個架構去聆聽和作出回應,以在更深的意義層面上關顧那些人。雖然牧者或許不能「輔導」堂會內每一個會友,但牧者可以在回應時引導他們注意事件和關係那更深層的意義。因此,牧養關顧作為心靈關顧,就會變得更明確、更深入。隨著時間流逝,這一類與人進行的牧養對談，雖不會達到輔導關係那種強烈程度，但是如果輔以牧者在講壇和其他場合詮釋基督教信仰的影響，它就會對那些人的心靈生命起到類似的作用。

詮釋理論除了可能在堂會生活的日常人類處境中鞏固牧養關顧的基礎外，更為一套更普遍的職事理論，提供一些有可能富有成效的推論。職事理論就好像自體的生活一樣，比任何事都更需要一種具整體性的統合。我相信，在牧養關顧、宣講、崇拜及聖禮、教會教導及團體生活、教會宣教活動之中，詮釋進路都可以提供一個重要工具，以達到那種統合。把在會眾中間的服事和對會眾的服事，看為在各方面都照顧到羣體的詮釋和詮釋生活，而這個羣體裏面的人都擁有一個共通的敍事的意義架構，這便能給牧者角色，開拓一些有趣和有用的想像方式。關於自體的生活與社會文化處境的生活之間的關聯，在更廣泛的含意上，詮釋理論進一步顯出，牧養職事與社會先知式職事之間互相關連之方式。在社會架構層面上服事一個羣體，與在個人層面服事人，變得更加一致。

為發展一套更普遍的職事理論而研擬的詮釋理論，其所有這些潛在含義，仍有待作進一步解釋，以及與職事理論的其他觀點作出具批判性的對話。牧養輔導本身不足以為所有職事，提供一個令人滿意的架構。然而，詮釋的觀點卻確能提供一個基礎，以作進一步探討，這或可給職事實踐，引進一種更擴展的統合意識。

（5）如果從神學和人格的跨學科研究這個較為學術的

立場去看，我們的研究可有提出一個模式，其所包含的含意遠較純粹作一個牧養輔導論為廣闊？

我在這本書所作的研究，從一開始，我已經認識到，牧養輔導那跨學科的理論基礎之必要性，這必要性使我看到把語言世界混合的問題。關於世上事物之所是的真相，其範式圖像和核心願景不但是非常不同，而且不能互相比擬的，而且每一個語言世界更是一個正在轉變中和正在適應新知識的世界。面對這種差別的斷層，從事牧養輔導的人，必須想辦法遊走於各學科之間，而且不會把一個學科套進另一學科裏去，或者破壞任何一方的整全性。

藉著謹慎而具批判性地密切注意心理學理論形成的出現過程，牧養輔導向這些對人類行為和關係作更科學、更刻畫入微的觀察方法那不斷轉移的理解視界，持開放的態度。因此，牧養輔導為神學提供一扇窗戶，以面向那個在關於人類景況的俗世知識上日益膨脹的世界。另一方面，牧養輔導為正在進行的、有關心理治療的論述，提供一個觀點，就是說，倘若如我在此所提出的一樣去看，牧養輔導就很有理由支持這看法：把轉化自體與客體關係的過程，置於一個更大的意義處境之中——如一個信仰羣體之內——這是有價值而且是必須的。不管是心理學家還是所謂的牧養心理治療師，因為沒有留意那些對羣體信仰和價值所作更廣泛的考量，他們所從事的俗世心理治療，都受制於其所帶出來的結果，以致只成為其所身處的社會文化處境的現狀的一個工具。在心理治療的世界裏面，牧養輔導堅守基督教圖像那具規範性的價值，那些圖像顯示著在神的主權底下人的生活要成為怎樣的。因此，牧養輔導不但是神學面向世界的窗戶，也是神學作為其中一個基督徒作見證的最佳形式。

為神學與心理學兩個學科之間的互動過程，還有很多工作等著要做，以進一步發展詮釋進路。每一個學科的發展，在其核心中都有一套非常不同、關於人自體和世界的神話式圖像。在這個意義上，每一個學科都為另一個學科，提供了一個反神話。但是倘若能讓各學科謹慎地、彼此尊重地互相觸踫，兩者也可以為對方提供一種比喻式的能量，從而開拓一種嶄新的、更能一致的可能性。

詮釋過程會一直持續下去。最後的結果是在那位掌管未來的大能者的手上。祂的應許是可信的——不管我們現在的探索，看似是多麼的不確定。

註釋

導論　演變中的牧養輔導

1. L. Philip Rieff, *The Triumph of the Therapeutic*（New York: Harper & Row, 1966）.
2. 就這段期間有關牧養關顧與輔導的著作，那些就神學上、心理學上和其他社會文化上各主題之間的相互影響，而作的精闢分析，可參考 E. Brooks Holifield, *A History of Pastoral Care in America*（Nashville: Abingdon Press, 1983）。
3. Seward Hiltner, *Pastoral Counseling*（Nashville / New York: Abingdon-Cokesbury Press, 1949; reprinted 1981）.
4. Seward Hiltner, *Preface to Pastoral Theology*（Nashville: Abingdon Press, 1958）.
5. Wayne Oates, *Christ and Selfhood*（New York: Association Press, 1961）; Wayne Oates, *Protestant Pastoral Counseling*（Philadelphia: Westminster Press, 1962）.
6. Wayne Oates, *Pastoral Counseling*（Philadelphia: Westminster Press, 1974）, 77.
7. Carroll A. Wise, *Pastoral Counseling: Its Theory and Practice*（New York: Harper and Brothers, 1951）; Paul E. Johnson, *The*

Psychology of Pastoral Care (Nashville / New York: Abingdon-Cokesbury Press, 1953) .

8. Carroll A. Wise, *Pastoral Psychotherapy* (New York: Jason Aronson, 1980) .
9. Wise, *Pastoral Psychotherapy*, 3, 4.
10. Wise, *Pastoral Psychotherapy*, 25, 26.
11. Howard Clinebell, *Basic Types of Pastoral Counseling* (Nashville: Abingdon Press, 1966) .
12. 參閱他的著作：Thomas Oden, *Kerygma and Counseling* (Philadelphia: Westminster Press, 1966) ; Thomas Oden, *Contemporary Theology and Psychotherapy* (Philadelphia: Westminster Press, 1967) ; Thomas Oden, *Structures of Awareness* (Nashville: Abingdon Press, 1969)。
13. Thomas C. Oden, " Recovering Lost Identity, " *The Journal of Pastoral Care*, 345, no. 1 (March 1980) : 15.
14. 奧登在另一著作《給神學的議程》(*Agenda for Theology* [San Francisco: Harper & Row, 1979]) 裏，強烈地陳述自己對二十世紀意識的醒悟，對後佛洛伊德、後馬克思 (post Marx)，以及心理學思想方式的後興起時期的醒悟，他好像正鼓吹單純地歸回基督教歷史最初幾個世紀的基督教正統的做法。對我來說，在我引述的〈重尋失落的身分〉(" Recovering Lost Identity ") 一文中，他似乎對目前情況顯得既較為溫和的，也較注重實際的。
15. 讀者若有興趣深入鑽研詮釋學作為哲學詮釋理論的歷史，可在芸芸文本中選一查考，以追溯該詞自古代首先出現以來，所經過的眾多改變的一些歷史。我找到兩本這類的書，覺得它們特別有用：Richard E. Palmer, *Hermeneutics* (Evanston: Northwestern University Press, 1969)；以及 Zygmunt Bauman, *Hermeneutics and Social Science* (New York: Columbia University Press, 1978)。

16. Palmer, *Hermeneutics*, 13.

1 生命故事與一個新興理論的故事

1. Oliver Spurgeon English and Gerald H. J. Pearson, *Emotional Problems of Living: Avoiding the Neurotic Pattern*（New York: W. W. Norton, 1945）.
2. Otto Fenichel, *The Psychoanalytic Theory of Neurosis*（New York: W. W. Norton, 1945）.
3. Carl Rogers, *On Becoming a Person*（Boston: Houghton Mifflin Co., 1961）.
4. Erich Fromm, *Man for Himself*（New York: Rinehart and Co., 1947）.
5. Herbert Fingarette, *The Self in Transformation*（New York: Harper & Row, 1965）.
6. Philip Rieff, *The Triumph of the Therapeutic*（New York: Harper & Row, 1966）.
7. Erich Fromm, *The Heart of Man: Its Genius for Good and Evil*（New York: Harper & Row, 1964）.

2 生命猶如文本：以博伊申的圖像為範式

1. 博伊申甚麼時候開始使用這個詞組，已無從稽考，但在那些奉博伊申為專業前輩的人心中，他已被認定是傳奇的。早於一九三〇年三月出版的《宗教教育》（*Religious Education*）內的一篇文章中，他所用的「人類文獻」（human document）一詞被刊登出來。我個人記得最清楚的，是在一九五〇年於芝加哥所舉行的、慶祝臨牀牧養教育的創始的銀禧慶典中，我聽到他用過這個詞。那篇演講後來刊登在《牧養關顧學刊》第九卷第一期（*The Journal of Pastoral Care*, vol. 9, no. 1）。博伊申那時說：「我們正嘗試將注意力，喚回到教會的主要任務，即『拯救靈魂』的任務，以及回到神學的主要問題，即罪和救恩的問題。**新的做法是嘗試以研究『生命猶如文本』作為開始，而不是以書本作為開始，並且集中注意力在那些拼命努力解決靈性的生死問題的人身上。**」

2. Anton Boisen, *The Exploration of the Inner World*（New York: Harper Torchbooks, 1952）, 11.
3. Boisen, *The Exploration of the Inner World*, 10.
4. 關於聯繫斷裂這個圖像，我要感謝利夫頓（Robert Jay Lifton）。他在其《聯繫斷裂》（*The Broken Connection* [New York: Simon and Schuster, 1979]）一書中，談到西方文化精神生活的一個普遍情況；親身體驗過的經歷，與那些圖像及模式——我們西方人一向藉著它們以賦予該經歷秩序和意義的——之間的聯繫，已經被折斷。在牧養輔導業界內外，有很多人都分享了該圖像所表達的關切。參閱 Paul W. Pruyser, *The Minister as Diagnostician*（Philadelphia: Westminster Press, 1976）；以及 Don S. Browning, *The Moral Context of Pastoral Care*（Philadelphia: Westminster Press, 1976）。
5. F. D. E. Schleiermacher, *Hermeneutics: The Handwritten Fragments*, ed. Heinz Kimmerie, trans. James Duke and Jack Forstman（Missoula: Scholars Press, 1977）, 3～5.
6. Richard E. Palmer, *Hermeneutics*（Evanston: Northwestern University Press, 1969）, 98.
7. Palmer, *Hermeneutics*, 115.
8. Palmer, *Hermeneutics*, 116.
9. Palmer, *Hermeneutics*, 117.
10. Hans-Georg Gadamer, *Truth and Method*（New York: Seabury Press, 1975）, 269～274.
11. Gadamer, *Truth and Method*, 238.
12. Jerome Frank, *Persuasion and Healing*, rev. ed.（New York:

Schocken Books, 1974).

13. Hans-Georg Gadamer, *Philosophical Hermeneutics*, trans. and ed. David L. Linge (Berkeley: University of California Press, 1976), 56～57.
14. Boisen, *The Exploration of the Inner World*, 11.
15. Paul Tillich, *Systematic Theology*, I (Chicago: University of Chicago Press, 1951), 182～183.
16. Paul Ricoeur, *Freud and Philosophy: An Essay on Interpretation* (New Haven: Yale University Press, 1970).
17. Charles E. Reagan and David Stewart, ed., *The Philosophy of Paul Ricoeur* (Boston: Beacon Press, 1978), 169.
18. Paul Ricoeur, *The Conflict of Interpretations: Essays in Hermeneutics*, ed. Don Ihde (Evanston: Northwestern University Press, 1974), 108～109.
19. Herbert Fingarette, *The Self in Transformation: Psychoanalysis, Philosophy, and the Life of the Spirit* (New York: Harper Torchbooks, 1963), 18～29.
20. Fingarette, *The Self in Transformation*, 20.

3 朝聖之旅、道成肉身與自體的詮釋學

1. Carroll A. Wise, *The Meaning of Pastoral Care* (New York: Harper & Row, 1966), 8.
2. James D. Whitehead and Evelyn E. Whitehead, *Method in Ministry* (New York: Seabury Press, 1980), 39.
3. James M. Gustafson, "The Relation of the Gospels to the Moral Life," in D. G. Miller and D. Y. Hadidian, ed., *Jesus and Man's Hope* (Pittsburgh: Pittsburgh Theological Seminary, 1971), 111.
4. Abraham Heschel, *God in Search of Man* (New York: Farrar, Straus & Girous, 1955), 74.

5. Heschel, *God in Search of Man*, 74～75.
6. Heschel, *God in Search of Man*, 104.
7. Charles V. Gerkin, *Crisis Experience in Modern Life*（Nashville: Abingdon, 1979）.
8. R. J. Neuhaus, "Profile of a Theologian," in Wolfhart Pannenberg, *Theology and the Kingdom of God*（Philadelphia: Westminster Press, 1969）, 46.
9. Paul Tillich, *Systematic Theology*, III（Chicago: University of Chicago Press, 1963）, 268.
10. Tillich, *Systematic Theology*, III, 270.
11. Tillich, *Systematic Theology*, III, 276.
12. Tillich, *Systematic Theology*, III, 277.
13. Tillich, *Systematic Theology*, III, 276.
14. Jürgen Moltmann, *The Trinity and the Kingdom*（San Francisco: Harper & Row, 1981）, 39.
15. Moltmann, *The Trinity and the Kingdom*, 19.
16. Moltmann, *The Trinity and the Kingdom*, 19.
17. Jürgen Moltmann, *The Crucified God*（New York: Harper & Row, 1974）, 243.
18. Jürgen Moltmann, *The Church in the Power of the Spirit*（New York: Harper & Row, 1977）, 191.
19. Moltmann, *The Church in the Power of the Spirit*, 22.
20. Moltmann, *The Church in the Power of the Spirit*, 192.
21. Moltmann, *The Church in the Power of the Spirit*, 193.
22. Moltmann, *The Trinity and the Kingdom*, 217.
23. Moltmann, *The Trinity and the Kingdom*, 216.
24. Moltmann, *The Trinity and the Kingdom*, 125.
25. Moltmann, *The Church in the Power of the Spirit*, 198.
26. Gerkin, *Crisis Experience in Modern Life*, 36～37.
27. 在我早期的《現代生活的危機經驗》一書裏，這方面的牧養職務被稱為，對生活經歷引起一種「道成肉身式照料」的風格。把牧養輔導視為一種認知藝術，這概念或可被看為是那早期概念的延續。參閱 Gerkin, *Crisis Experience in Modern Life*, 320, 321。

4 自我心理學、客體關係理論與自體的詮釋學

1. 我把佛洛伊德的看法標籤為一個又悲又喜的看法，這是呼應某些對佛洛伊德的評論，例如利傅（Philip Rieff）的評論（Philip Rieff, *Freud: The Mind of the Moralist* [Garden City: Doubleday Anchor Books, 1961], 67～68）。佛洛伊德認為，個別的人已被本能的變化無常嚴重損害，但是由於他強調利傅所謂的「日常生活的控制和支配」的可能性，所以那個關於人的可能性的描繪畫面，就帶著比較樂觀的期待，減輕了原有的陰沉。
2. Ann Freud, *The Ego and the Mechanisms of Defense*（New York: International Universities Press, 1958）, 178.
3. Heinz Hartmann, *Ego Psychology and the Problem of Adaptation*（New York: International Universities Press, 1958）, 8～10.
4. 正如我們遊覽經典的佛洛伊德思想的情況一樣，如果要試圖徹底地總結客體關係理論的話，那就會遠遠超出本書的範圍和目的。讀者可以在參考書目中，找到很多主要和次要的資源，它們都可以讓讀者在如今已經發展完善的文獻庫，得閱一些關鍵人物的文章。大量爭議存在；再者，對於眾多一直未達共識的問題，不少學派各有其側重的解決方案。或許最關重要的爭議十分有趣地竟然是：佛洛伊德那具發展性的構思，即把本能內驅力的衝突看為自體形成過程中那原始的給定事實，應該被保存下來，還是由一個更著重環境取向的或更獨立自主的概念取而代之。為了顧全寫這本書的目的，即

使是那個爭論議題，也要留待這學科的將來發展去解決。

5. D. W. Winnicott, *The Maturational Processes and the Facilitating Environment* (London: Hogarth Press, 1965) , 46.
6. Winnicott, *The Maturational Processes and the Facilitating Environment*, 61.
7. Winnicott, *The Maturational Processes and the Facilitating Environment*, 57.
8. Madelaine Davis and David Wallbridge, *Boundary and Space: An Introduction to the Work of D. W. Winnicott* (New York: Brunner / Mazel Publishers, 1981) , 40 ~ 41.
9. D. W. Winnicott, *Playing and Reality* (New York: Basic Books, 1971) , 2.
10. Anna-Maria Rizzuto, *The Birth of the Living God* (Chicago: University of Chicago Press, 1979) .
11. Winnicott, *The Maturational Processes and the Facilitating Environment*, 145.
12. 在我自己挪用克伯格的研究理論時，我曾經與埃慕理大學 (Emory University) 的同事哈克特 (Charles D. Hackett) 作多方討論，得益匪淺。哈克特未經出版、只供私人傳閱的論文〈心理分析與神學：兩個辯證法〉("Psychoanalysis and Theology: Two Dialectics")，詳細分析了克伯格的研究工作。同時我的主要素材也是出自克伯格的著作：Otto Kernberg, *Object Relations Theory and Clinical Psychoanalysis* (New York: Jason Aronson, 1979)。
13. Kernberg, *Object Relations Theory and Clinical Psychoanalysis*, 40.
14. Heinz Kohut, *The Restoration of the Self* (New York: International Universities Press, 1977) , 132.
15. Kohut, *The Restoration of the Self*, 271.
16. Kohut, *The Restoration of the Self*, 133.
17. Kohut, *The Restoration of the Self*, 180.

18. Kohut, *The Restoration of the Self*, 182.
19. Kohut, *The Restoration of the Self*, 177 ～ 178.
20. 特別參閱 Erik H. Erikson, *Childhood and Society*（New York: W. W. Norton, 1950）；Erik H. Erikson, *Insight and Responsibility*（New York: W. W. Norton, 1964）；以及 Erik H. Erikson, ed., *Adulthood*（New York: W. W. Norton, 1976）。

5 自體的詮釋學與心靈的生命

1. 讀者請參閱第四章所列舉的艾里克森（Erik H. Erikson）的著作。
2. 參看 James W. Fowler, *Stages of Faith*（New York: Harper & Row, 1981）。
3. 雖然艾里克森的研究著作在此乃是基本知識，但是我們在這裏也列出其他人較近期的著作，尤其是論及成年生活各階段的著作。參 Daniel J. Levinson, *The Seasons of a Man's Life*（New York: Alfred a. Knopf, 1978）。遺憾的是，萊文森（Daniel J. Levinson）的研究只以某一羣男士作為觀察的對象，而這羣人都是來自社會中上層的，因此他所描繪的是不及半數成年人的情況。某些作者，例如希伊（Gail Sheehy, *Passages: Predictable Crises of Adult Life* [New York: E. P. Dutton, 1974]）和古爾德（Roger Gould, *Transformations: Growth and Change in Adult Life* [New York: Simon and Schuster, 1978]），他們把成年的階段理論通俗化，大大影響了那講及該生命週期時間層次中成年人經驗的大眾文化語言，以致創造了那所謂中年危機的陳腐說法。
4. Jürgen Moltmann, *The Church in the Power of the Spirit*（New York: Harper & Row, 1977）, 192.
5. Stanley Hauerwas, " Story and Theology, " *Religion and Life*, Autumn, 1976, 344.

6. Wesley A. Kort, *Narrative Elements and Religious Meaning* (Philadelphia: Fortress Press, 1975), 18.
7. Kort, *Narrative Elements and Religious Meaning*, 35.
8. Kort, *Narrative Elements and Religious Meaning*, 91.

6 在自體眾故事之中喚起那個故事

1. 讀者如想進一步討論在心理治療關係中闡明層層詮釋時所遇到的問題，最好參考日益豐厚的、有關這問題的心理分析文獻。我自己發現兩份材料，對這方面特別有用：Donald P. Spence, *Narrative Truth and Historical Truth: Meaning and Interpretation in Psychoanalysis* (New York: W. W. Norton, 1982)；和 Serge Viderman, "The Analytic Space: Meaning and Problems," *Psychoanalytic Quarterly,* 1979。斯彭斯（Donald P. Spence）的論點甚有説服力，他指出，詮釋語言無孔不入，即使是那些標準的心理分析程序，不論作為受精神分析者一方隨意作出的聯想，還是作為分析者那方在注意力上的漂浮不定，都因而變得問題多多。
2. Zygmunt Bauman, *Hermeneutics and Social Science* (New York: Columbia University Press, 1978), 17.

7 改寫的故事：心理分析學、詮釋學與神學的觀點

1. Clyde J. Steckel, *Theology and Ethics of Behavior Modification* (Washington, D.C.: University Press of America, 1979)；讀者參考此書，可對行為改變的修改行為技巧，獲得一個平衡的神學/倫理評價。
2. Otto Kernberg, *Object Relations Theory and Clinical Psychoanalysis* (New York: Jason Aronson, 1976), 121.
3. Paul Ricoeur, *Hermeneutics and the Social Sciences*

(Cambridge: Cambridge University Press, 1981), 11 ~ 12.

4. 有關心理治療裏移情現象那比較非技術性的描述，以及治療師對其所作的謹慎監控以使那在移情中因退化所帶來的轉變，得以產生，參閱 Karl Menninger and Philip S. Holzman, *Theory of Psychoanalytic Technique*, 2nd ed. (New York: Basic Books, 1973)。

5. 當然，關於牧養輔導員需要體驗在監督下進行輔導工作，以冀照顧到個人和專業學習上的相互影響，以及關於牧養輔導員需要與同業協商，這兩方面還有很多東西可以言說。在鑒定牧養輔導員的執業資格和專業操守這兩方面都堅守規格的機構，例如美國牧養輔導員協會(American Association of Pastoral Counselors)，在這些事上都提供了極佳指引。雖然我一般都支持這些同業協會的努力，為牧養輔導作為助人專業之中的一門訓練而制定優良的專業規格，但是這本書所建立的理論，其定向是把牧養輔導歸納到更深入教會的生活和言語裏面，較現時很多美國牧養輔導員協會的會員業務中所見到的更為深入。這套理論是一個架構，專門為那些認真對待自己輔導職事的堂會牧師的輔導工作，以及牧養輔導專家的輔導工作而設的。

6. 有關相對於牧養關顧關係的牧養神學傳統，其各組成部分之較詳細說明，參閱本人著作：Charles V. Gerkin, *Crisis Experience in Modern Life* (Nashville: Abingdon, 1979), 36 ~ 38。

8 改寫的故事：牧養輔導中的神話與比喻

1. John Sominic Crossan, *The Dark Interval: Towards a Theology of Story* (Allen, Texas: Argus Communications, 1975), 59.
2. Crossan, *The Dark Interval*, 59 ~ 60.
3. 「但這些關係並非與故事**外面的**世界建立的(即故事所描繪和摹擬的世界)，而是與故事**裏面的**世界建立的(即故事創作和界定的世界）。」（Crossan, *The Dark Interval*, 59～60.）

4. 在克勞生那本書——我從此書引用故事中那語言途徑的類型學——的開卷一章中，克勞生藉著汲取自大量曾經考量語言世界多元性問題的哲學家和文學大師的論說，從而向讀者就該問題提供一份優質的、而且非常易讀的導論。如果讀者因任何理由而沒有興趣對有關認識論這個複雜問題的哲學文獻作深入探討，他或她將會在克勞生的這一章中，讀到有關那些議題的、一個雖然簡單但是扎實的概覽。
5. 有關婚姻合約的一套超卓心理治療理論，參 Clifford J. Sager, *Marriage Contracts and Couple Therapy*（New York: Brunner / Mazel Publishers, 1976）。
6. Crossan, *The Dark Interval*, 60.
7. Sallie McFague, *Speaking in Parables*（Philadelphia: Fortress Press, 1975）, 79.
8. Charles V. Gerkin, *Crisis Experience in Modern Life*（Nashville: Abingdon, 1979）, 196～201.
9. John Dominic Crossan, *In Parables: The Challenge of the Historical Jesus*（New York: Harper & Row, 1973）, 35.
10. Crossan, *In Parables*, 36.
11. McFague, *Speaking In Parables*, 45.
12. Crossan, *In Parables*, 84.
13. Erik H. Erikson, *The Life Cycle Completed*（New York: W. W. Norton, 1982）, 73。既然我提到艾里克森有關心理社會發展困境的概要圖式，我就要重點指出，添·萊昂否定自己的「快線」野心，是怎樣代表著一個拖延已久、對較早期發育困境的解決方法；而這困境一般都在少年時期已經獲得解決。添年紀輕輕便被迫過早代替父母去擔當那不合其年齡的成人責任，他一直不能完成正常青少年人的身分形塑（identity formation）程序；那牽涉到艾里克森所指的，對已承擔的角色培養出一份忠誠，以及對沒有選取的角色和價值觀予以否定。如今添已屆中年，他還要努力處理在生命週期早很多個階段的那些關鍵困境。

14. Crossan, *The Dark Interval*, 124, 125.

9 結束階段：牧養輔導與基督教故事的羣體

1. 參閱 William B. Ogelsby, *Referral in Pastoral Counseling*（Nashville: Abingdon, 1978）。
2. 雖然我在結語中將會更詳細討論到，在信仰羣體生活中，對於建構一種普遍的牧養關顧職事上，我們所持的詮釋觀點是否派得上用場；但是因為受制於本書的篇幅和目的，所以我未能為這套理論對廣泛的牧養關顧理論所做成的影響，作出完整的研究。那是有待執行的工作。比方說，利用克勞生所提倡故事五種語言方式的類型學的架構，去發展一套牧養職事理論的可能性，這實在大有可為，因為它可以適用於考量一些問題，譬如在共同羣體背景之中，敬拜和禮儀，以至講道，與牧養關顧的關係。
3. Jürgen Moltmann, *The Church in the Power of the Spirit*（New York: Harper & Row, 1977）, 21 ~ 22.
4. Jürgen Moltmann, with M. Douglas Meeks, Rodney J. Hunter, James W. Fowler, and Noel L. Erskine, *Hope for the Church: Moltmann in Dialogue with Practical Theology*（Nashville: Abingdon, 1979）, 91 ~ 92.
5. Charles V. Gerkin, *Crisis Experience in Modern Life*（Nashville: Abingdon, 1979）, 320 ~ 322.

結語

1. Henri J. M. Nouwen, *The Living Reminder: Service and Prayer in Memory of Jesus Christ*（New York: The Seabury Press,

1977）.

2. Seward Hiltner, *Pastoral Counseling*（Nashville: Abingdon, 1949）, 128～148.

參考書目

神學

對本書的神學立場最重要的文本：

Heshel, Abraham Josuua. *God in Search of Man: A Philosophy of Judaism*. New York: Farrar, Straus and Giroux 1955.

Moltmann, Jürgen. *The Church in the Power of the Spirit*. New York: Harper& Row, 1977.

______. *The Trinity and the Kingdom*. New York: Harper & Row, 1981.

Niebuhr, H. Richard. *The Responsible Self: An Essay in Moral Philosophy*. New York: Harper & Row, 1963.

Pannenberg, Wolfhart. *Theology and the Kingdom of God*. Philadelphia: Westminster Press, 1969.

Tillich, Paul. *Systematic Theology*, III. Chicago: University of Chicago Press, 1963.

其他由相同神學家所撰寫的著作：

Heschel, Abraham Joshua. *Man's Quest for God: Studies in Prayer and Symbolism*. New York: Scribner's, 1954.

Moltmann, Jürgen. *Theology of Hope*. New York: Harper& Row, 1967.

______. *The Crucified God*. New York: Harper& Row, 1974.

______. *The Future of Creation*. Philadelphia: Fortress Press, 1979.

______. with Douglas Meeks, Rodney J. Hunter, James W. Fowler, and Noel Erskine. Trans. and ed. Theodore Runyon. *Hope for the Church: Moltmann in Dialogue with Practical Theology*. Nashville: Abingdon, 1979.

______. *Experiences of God*. Philadelphia: Fortress Press, 1980.

Niebuhr, H. Richard. *The Meaning of Revelation*. New York: Macmillan, 1941.

______. *Radical Monotheism and Western Culture*. New York: Harper and Bros., 1943.

Pannenberg, Wolfhart. *What Is Man? Contemporary Anthropology in Theological Perspective*. Philadelphia: Fortress Press, 1970.

Tillich, Paul. *Systematic Theology*, I. Chicago: University of Chicago Press, 1951.

______. *Systematic Theology*, II. Chicago: University of Chicago Press, 1957.

神學與倫理學相關著作：

Barfield, Owen. *Saving the Appearances: A Study in Idolatry*. New York: Harcourt Brace, 1965.

Evans, Robert A. and Parker, Thomas D. *Christian Theology: Case Study Approach*. New York: Harper& Row, 1976.

Gustafson, James M. " The Relation of the Gospels to the Moral Life, " in D. G. Millier and D. Y. Hadidian, editors, *Jesus and Man's Hope*. Pittsburgh: Pittsburgh Theological Seminary, 1971.

Hauerwas, Stanley. *Vision and Virtue: Essays in Christian Ethical Reflection*. Notre Dame: Fides Publishers, 1974.

______. *Character and the Christian Life: A Study in Theological*

Ethics. San Antonio: Trinity University Press, 1975.

______. *A Community of Character*. Notre Dame: University of Notre Dame Press, 1981.

Hodgson, Peter C. *Jesus—Word and Presence: An Essay in Christology*. Philadelphia: Fortress Press, 1971.

Lynch, William F. *Christ and Apollo*. New York: Mentor-Omega Books, 1963.

______. *Images of Hope: Imagination as Healer of the Hopeless*. Notre Dame., University of Notre Dame Press, 1965.

______. *Images of Faith: An Exploration of the Ironic Imagination*. Notre Dame: University of Notre Dame Press, 1973.

McClendon, James W., Jr. *Biography as Theology: How Life Stories Can Remake Today's Theology*. Nashville: Abingdon Press, 1974.

Metz, Johann Baptist. *Faith in History and Society: Toward a Practical Fundamental Theology*. New York: Seabury Press, 1980.

Nouwen, Henri J. M. *The Wounded Healer*. Garden City, N. Y.: Doubleday, 1972.

______. *The Living Reminder: Service and Prayer in Memory of Jesus Christ*. New York: Seabury Press, 1977.

Oden, Thomas. *Kerygma and Counseling*. Philadelphia: Westminster Press, 1966.

______. *Contemporary Theology and Psychotherapy*. Philadelphia: Westminster Press, 1967.

______. *Structures of Awareness*. Nashville: Abingdon Press, 1969.

______. *Agenda for Theology*. San Francisco: Harper & Row, 1979.

Steckel, Clyde J. *Theology and Ethics of Behavior Modification*. Washington: University Press of America, 1979.

Tracy, David. *Blessed Rage for Order*. New York: Seabury Press, 1975.

______. *The Analogical Imagination*. New York: Seabury Press, 1978.

牧養神學及牧養關顧

現代牧養關顧的經典著作：

Boisen, Anton. *The Exploration of the Inner World*. New York: Harper Torchbook, 1952.

Hiltner, Seward. *Pastoral Counseling*. Nashville: Abingdon Press, 1949.

______. *Preface to Pastoral Theology*. Nashville: Abingdon Press, 1958.

Oates, Wayne E. *Protestant Pastoral Counseling*. Philadelphia: Westminster Press, 1962.

Williams, Daniel Day. *The Minister and the Care of Souls*. New York: Harper and Bros., 1961.

Wise, Carroll A. *Pastoral Counseling: Its Theory and Practice*. New York Harper and Bros., 1951.

______. *The Meaning of Pastoral Care*. New York: Harper & Bros., 1966.

近代具歷史重要性的著作：

Cinebell, Howard. *Basic Types of Pastoral Care and Counseling*. Nashville: Abingdon Press, 1966; rev. and enlgd., 1984.

Johnson, Paul E. *Person and Counselor*. Nashville: Abingdon Press, 1967.

Oastes, Wayne E. *Christ and Selfhood*. New York: Association Press, 1961.

______. *Pastoral Counseling*. Philadelphia: Westminster Press, 1974.

近代關於個人的價值及興趣的著作：

Browning, Don S. *The Moral Context of Pastoral Care*. Philadelphia: Westminster Press, 1976.

Capps, Donald. *Biblical Approaches to Pastoral Counseling*. Philadelphia: Westminster Press, 1981.

Clinebell, Howard. *Basic Types of Pastoral Counseling*. Revised and enlarged edition. Nashville: Abingdon Press, 1984.

Gerkin, Charles V. *Crisis Experience in Modern Life: Theory and Theology for Pastoral Care*. Nashville: Abingdon, 1979.

Holifield, E. Brooks. *A History of Pastoral Care in America*. Nashville: Abingdon Press, 1983.

Oden, Thomas C. "Recovering Lost Identity," in *Journal of Pastoral Care* 34, no. 1（1980）.

______. *Pastoral Theology: Essentials of Ministry*. Harper & Row, 1982.

Oglesby, William B. Jr. *Referral in Pastoral Counseling*. Nashville: Abingdon, 1978.

______. *Biblical Themes for Pastoral Care*. Nashville: Abingdon, 1980.

Pruyser, Paul W. *The Minister as Diagnostician*. Philadelphia: Westminster Press, 1976.

Whitehead, James D., and Whitehead, Evelyn E. *Method in Ministry*. New York: Seabury Press, 1980.

Wimberly, Edward P. *Pastoral Counseling and Spiritual Values: A Black Point of View*. Nashville: Abingdon, 1982.

詮釋學

我發現所有關於詮釋學的文獻雖然是困難的，但是值得的；讀者應該考慮從以下其中一本入門的概論文本作為開始：

Bauman, Zygmunt. *Hermeneutics and Social Science*. New York: Columbia University Press, 1978.

Palmer, Richard E. *Hermeneutics*. Evanston: Northwestern University Press, 1969.

其他一般概論：

Bleicher, Josef. *Contemporary Hermeneutics: Hermeneutics as Method, Philosophy and Critique*. London: Routledge and Kegan Paul, 1980.

Braaten, Carl E. *History and Hermeneutics*. Philadelphia: Westminster Press, 1966.

Howard, Roy J. *Three Faces of Hermeneutics: An Introduction to Current Theories of Understanding*. Los Angeles: University of California, 1982.

此範疇的一些當代主要人物：

Gadamer, Hans-Georg. *Philosophical Hermeneutics*. Berkeley: University of California Press, 1976.

______. *Truth and Method*. New York: Crossroad, 1982.

Habermas, Jürgen. *Knowledge and Human Interests*. Boston: Beacon Press, 1971.

Ihde, Don. *Hermeneutic Phenomenology: The Philosophy of Paul Ricoeur*. Evanston: Northwestern University Press, 1971.

Reagan, Charles E., and Stewart. David. Ed. *The Philosophy of Paul Ricoeur*. Boston: Beacon Press, 1978.

Ricoeur, Paul. *Freedom and Nature: The Voluntary and the Involuntary*. Evanston: Northwestern University Press, 1966.

______. *The Symbolism of Evil*. Boston: Beacon Press, 1967.

______. *Freud and Philosophy: An Essay on Interpretation*. New Haven: Yale University Press, 1970.

______. *The Conflict of Interpretations*. Evanston: Northwestern University Press, 1974.

______. *Hermeneutics and the Human Sciences*. Cambridge: Cambridge University Press, 1981.

相關著作：

Bacon, Wallace A. *The Art of Interpretation*, 2nd ed. New York: Holt, Rinehart and Winston, 1972.

Kroner, Richard, *The Religious Function of Imagination*. New Haven: Yale University Press, 1941.

Schleiermacher, F. D. E. *Hermeneutics: The Handwritten Fragments*. Ed. Heinz Kimmerle, trans. James Duke and Jack Fortman. Missoula, Mont: Scholars Press, 1977.

Winquist, Charles E. *Homecoming: Interpretation, Transformation and Individuation*. Chico, Calif.: Scholars Press, 1978.

______. *Practical Hermeneutics: A Revised Agenda for the Ministry.* Chico, Calif: Scholar Press, 1981.

比喻與敍事

本書所引用的著作：

Crossan, John Dominic. *In Parables*. New York: Harper and Row, 1973.

______. *The Dark Interval: Towards a Theology of Story*. Allen, Texas.: Argus Communications, 1975.

Kort, Wesley A. *Narrative Elements and Religious Meanings*. Philadelphia: Fortress Press, 1975.

McFague, Sallie. *Speaking in Parables: A Study in Metaphor and Theology*. Philadelphia: Fortress Press, 1975.

其他有用的著作及文章：

Crites, Stephen. "The Narrative Quality of Experience," in *Journal of the American Academy of Religion*（1971）, 290 ~ 307.

Niebuhr, Richard R. *Experiential Religion*. New York: Harper & Row. 1972.

Stoneburner, Tony, ed. *Parable, Myth and Language*. Cambridge:

Church Society for College Work, 1968.

Wilder, Amon N. *Jesus' Parables and the War of Myths*. James Breech, ed. Philadelphia: Fortress Press, 1982.

自我心理學與客體關係理論

自我心理學的經典著作：

Erikson, Erik H. *Childhood and Society*. New York: W. W. Norton, 1960.

______. *Insight and Responsibility*. New York: W. W. Norton, 1964.

Freud, Anna. *The Ego and the Mechanisms of Defense*. New York: International Universities Press, 1958.

Freud, Sigmund. *The Ego and the Id*. James Strachey, ed. New York: W. W. Norton, 1960.

Hartmann, Heinz. *Ego Psychology and the Problem of Adaptation*. New York: International Universities Press, 1958.

Jacobson, Edith. *The Self and the Object World*. New York: International Universities Press, 1964.

入門的文本：

Blanck, Gertrude, and Blanck, Rubin. *Ego Pschology I: Theory and Practice*. New York: Columbia University Press, 1975.

______. *Ego Pschology II*. New York: Columbia University Press, 1979.

本書所引用的客體關係理論家：

Davis, Madeleine, and Wallbridge, Daniel. *Boundary and Space: An Introduction to the work of D. W. Winnicott*. New York: Brunner / Mazel, 1981.

Kernberg, Otto. *Object Relations Theory and Clinical Psychoanalysis*. New York: Jason Aronson, 1976.

______. *Internal world and External Reality*. New York: Jason Aronson, 1981.

______. *Object Relations Theory and Its Applications*. New York: Jason Aronson, 1981.

Kohut, Heinz. *The Analysis of the Self*. New York: International Universities Press, 1971.

______. *The Restoration of the Self*. New York: International Universities Press, 1977.

Rizzuto, Anna-Maria. *The Birth of the Living God*. Chicago: The University of Chicago Press, 1979.

Winnicott, D. W. *The Maturational Processes and the Facilitating Environment*. London: Hogarth Press, 1965.

______. *Playing and Reality*. New York: Basic Books. 1971.

______. *The Piggle: An Account of the Psychoanalytic Treatment of a Little Girl*. New York: International Universities Press, 1977.

與個人價值相關的著作：

Erikson, Erik H. *Life History and the Historical Moment*. New York: W. W. Norton, 1971.

______, ed. *Adulthood*. New York: W. W. Norton, 1976.

______. *Toys and Reasons: Stages in the Ritualization of Experience*. New York: W. W. Norton, 1977.

______. *The Life Cycle Completed*. New York: W. W. Norton, 1982.

Fingarette, Herbert. *The Self in Transformation*. New York: Harper & Row, 1965.

Fowler, James A. *Stages of Faith*. New York: Harper & Row, 1981.

Fromm, Erich. *Man for Himself*. New York: Rinehart and Co., 1947.

______. *The Heart of Man: Its Genius For Good and Evil*. New York: Harper & Row, 1964.

Guntrip, Harry. *Psychoanalytic Theory, Therapy, and the Self*. New

York: Basic Books, 1971.

Kegan, Robert. *The Evolving Self: Problem and Process in Human Development*. Cambridge: Harvard University Press, 1982.

Levinson, Daniel J. *The Seasons of a Man's Life*. New York: Alfred A. Knopf, 1978.

Lifton, Robert Jay. *The Life of the Self: Toward a New Psychology*. New York: Simon and Schuster, 1976.

______. *The Broken Connection*. New York: Simon and Schuster, 1979.

May, Rollo. *Love and Will*. New York: W. W. Norton, 1969.

______. *Freedom and Destiny*. New York: W. W. Norton, 1981.

Pruyser, Paul W. *The Psychological Examination: A Guide for Clinicians*. New York: International Universities Press, 1979.

心理分析與心理治療

與本書有關聯的文選：

English, O. S., and Pearson, G. H. J. *Emotional Problems of Living: Avoiding the Neurotic Pattern*. New York: W. W. Norton, 1945.

Fenichel, Otto. *The Psychoanalytic Theory of Neurosis*. New York: W. W. Norton, 1945.

Leowald, Hans. W. *Psychoanalysis and the History of the Individual*. New Haven: Yale University Press, 1978.

Menninger, Karl, with Martin Mayman and Paul Pruyser. *The Vital Balance: The Life Process in Mental Illness and Health*. New York: Viking, 1963.

Menninger, Karl, and Holzman, Philip S. *Theory of Psychoanalytic Technique*, 2nd ed. New York: Basic Books, 1973.

Rogers, Carl R. *On Becoming a Person*. Boston: Houghton Mifflin Co., 1961.

Sager, Clifford J. *Marriage Contracts and Couple Therapy*. New York: Brunner / Mazel Publishers, 1976.

Schafer, Roy. *A New Language for Psychoanalysis*. New Haven: Yale University Press, 1976.

Spence, Donald P. *Narrative Truth and Historical Truth: Meaning and Interpretation in Psychoanalysis*. New York: W. W. Norton, 1982.

Wise, Carrol A. *Pastoral Psychotherapy*. New York: Jason Aronson, 1980.

心理學與社會科學

對本書有不同重要性的其他項目：

Everett, William, W., and Bachmeyer, T. J. *Disciplines in Transformation: A Guide to Theology and the Behavioral Sciences*. Washington: University Press of America, 1979.

Frank, Jerome. *Persuasion and Healing*, rev. ed. New York: Schocken Books, 1974.

Hillman, James. *Re-Visioning Psychology*. New York: Harper & Row, 1975.

Reiff, Philip. *Freud: The Mind of the Moralist*. Garden City, N.Y.: Doubleday Anchor Books, 1961.

______. *The Triumph of the Therapeutic*. New York: Harper & Row, 1966.

Schutz, Alfred, and Luckmann, Thomas. Trans. Richard M. Zaner and H. Tristram Engelhardt, Jr. *The Structures of the Life-World*. Evanston: Northwestern University Press, 1973.

人名對照表

B

Bauman, Zygmunt　包曼
Boisen, Anton　博伊申
Bowne, Borden　鮑恩
Brightman, Edgar S.　賴特曼

C

Clinebell, Howard　祈連堡
Crossan, John Dominic　克勞生

D

Dilthey, William　狄爾泰

E

Erikson, Erik H.　艾里克森

F

Fingarette, Herbert　芬格萊特

Moltmann, Jürgen	莫特曼

N

Nouwen, Henri J.	盧雲

O

Oates, Wayne	歐斯
Oden, Thomas C.	奧登

P

Pannenberg, Wolfhart	潘寧博（或譯潘能伯格）
Proust, M.	普魯斯特

R

Ricoeur, Paul	利科
Rieff, Philip	利傅
Rizzuto, Anna Maria	里祖托
Rogers, Carl	羅杰斯

S

Schleiermacher, Friedrich	士來馬赫
Starbuck, Edwin	斯塔巴克
Sullivan, Harry Stack	沙利文

T

Tillich, Paul	田立克（或譯蒂利希）

W

Whitehead, James D. and Evelyn E.	詹姆斯和伊芙蓮・懷德海

Winnicott, D. W.	溫尼考特
Wise, Carroll A.	韋思

詞彙對照表

二

人格化	personalisation
力量/意義動力	force/meaning dynamics
十架神學	theology of the cross

三

三一的詮釋學	trinitarian hermeneutics

四

分離—個體化	separation-individuation
反神話	antimyth
弔詭身分	paradoxical identity
心靈生命	life of soul
比喻	parable

五

去神話化	demythologizing
生命猶如文本	living human document

六

自我	ego
自體整合	self-integration
自體/自我衝突	self/ego conflicts
自體—客體	self-object
自體超越性	self-transcendence
自戀	narcissism
行為主義	behaviorism

八

兩極化的自體	bipolar self
延伸的隱喻	extended metaphor
牧養心理治療	pastoral psychotherapy
牧養輔導	pastoral counselling
牧養關顧	pastoral care

九

前理解	pre-understanding
客體關係	object relations
流行心理學	popular psychology

個人化	individuation
核心的自體	central self, nuclear self
真的自體與假的自體	true and false self
神話	myth

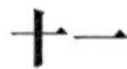

理解的視界	horizon of understanding
移情	transference

終末身分	eschatological identity
敍事	narrative

十二

朝聖之旅	pilgrimage
無衝突領域	conflict-free sphere
視界的融合	fusion of horizons
聖靈臨在	Spiritual Presence

十三

意義之盈溢	surplus of meaning
新造的存有	new being
詮釋	interpretation
詮釋循環	hermeneutical circle
詮釋遊戲	hermeneutical play
詮釋學上的繞道	hermeneutical detour
過渡空間	transitional space
過渡客體	transitional object
過渡語言	ransitional language
罪疚者	guilty man

十四

對人生經歷有道成肉身式的照料	incarnational tending to life experience
稱職的母親	good-enough mother
輔導預工	pre-counseling

十五

範式的圖像	paradigmatic image

十六

歷史上的內嵌性	historical embeddedness
諷刺	satire

十七

臨牀牧養教育	clinical pastoral education

十八

雙重弔詭	double paradox
邊緣人格	borderline personality

二十一

屬靈指導	spiritual direction

二十三

戀母情結時期	Oedipal period

實踐神學系列

連結牧養與實踐的橋梁，面對當下處境的挑戰。

鐵窗內的心靈世界——香港基督教監獄事工面面觀

Beyond the Walls of Separation: A Practical Theology of Prison Ministry

白德培（Tobias Brandner）著／馮達揚 譯／關瑞文 系列主編／HK$88

監獄這地方，常令人聯想起無法無天的瘋狂世界。當進入監獄的現實時，探訪者所面對的，不僅是那忐忑不安的體驗，也是伴隨著的靈性和文化含義。本書不單可以令我們更了解囚友，更可為我們的生命帶來更新和改變，並使我們認識因服事囚友而擴闊的神學視域。與此同時，本書也為從事監獄事工者提供了實務指引，例如探訪者所必須具備的基本態度和溝通技巧。為了幫助讀者進深了解各章課題，以及讓這本書在監獄以內和以外的教會事工皆用得著，作者於每章結尾附加「延伸閱讀」部分，並建議了一些用作小組討論的問題。

作者簡介

白德培（Tobias Brandner），於瑞士改革宗教會（Swiss Reformed Church）接受牧職，並於瑞士蘇黎世大學（University of Zurich）獲得神學博士學位。他是瑞士的「使命21」（Mission 21；前巴色差會）的傳教士，於香港崇真會服事。在過往二十年，他一直從事監獄事工，起初在瑞士，自一九九七年起則在香港事奉。他的牧養事工感動了很多囚犯，引導他們進入靈性轉變的過程。他在教會事工的實踐、其於香港中文大學崇基學院神學院的教學及研究工作，以及其跨文化的能力，都讓他能在國際處境中撰寫有關監獄中的信仰與事工。

鮮活故事——教會裏的牧養輔導

Living Stories: Pastoral Counseling in Congregational Context

甘東農（Donald Capps）著／李金好 譯／關瑞文 系列主編／HK$88

「鮮活故事」的概念，統合了治療大師艾力遜、亙茲拉威克、狄世沙等人所提倡的輔導理論，作者甘東農有洞見地提出，教會牧養輔導者根本就是常常聆聽會眾的故事，以重新詮釋他們的故事，來協助他們在主內成長，大步跨過死蔭幽谷。若牧養者能把握啟發故事（inspirational story）、弔詭故事（paradoxical story）和神蹟故事（miracle story）的竅門，教會的牧養輔導工作，必然事半功倍。本書不是寫給輔導專家或牧養神學家看，而是專為牧職人員而寫的。讀者不必有深厚的輔導基礎，也能掌握書中所談。

易構——牧養關顧的新方法

Reframing: A New Method in Pastoral Care

甘東農（Donald Capps）著／譚偉光 譯／關瑞文 系列主編／HK$83

易構（reframing）是離開原有的視角和框架，重新建構另一框架去看同一件事情。「塞翁失馬焉知非福」，就是中國人運用易構智慧的最佳例子。雖然我們在日常生活中常常會用到易構法，但成功易構的比率卻不多，尤其是在關顧事工上。本書從理論層面分析易構法，並提出在使用易構時該注意的事項，以致能有意識地使用易構法，提高成效。此外，更提供案例和各種牧養處境，說明多種使用易構時可挪用的技巧。本書獲祈連堡（Howard Clinebell）等牧養輔導大師全力推薦。

作者簡介

甘東農（Donald Capps），普林斯頓神學研究院（Princeton Theological Seminary）牧養神學教授，獲費梅斯教席。著有：*Deadly Sins and Saving Virtues*（1987），*The Depleted Self: Sin in a Narcissistic Age*（1993），*Agents of Hope: A Pastoral Psychology*（1995）。

短期牧養輔導：理念與介入方法
Brief Pastoral Counseling: Short-term Approaches and Strategies
霍華德．斯通（Howard W. Stone）著／李金好 譯／關瑞文 系列主編／HK$93

大部分教牧人員、輔導員和心理治療師都假定：輔導是需要好幾個月甚至幾年才會見效的。但是，種種研究卻提出另一面向：受助者都希望快速地將問題處理好，他們一般只會接受來四次或以下的面談次數，如果在初段的數次面談都不能引發改變，受助者便會放棄繼續治療。本書從策略的層面幫助輔導員弄清楚受導者的真正需要，從而指派家課，再加強受導者本身已有的強處；以及介紹多個介入方法，以促使受助者所想望的改變發生。

作者簡介

霍華德．斯通（Howard W. Stone），美國德薩斯州基督教大學（Texas Christian University）布賴特神學院（Brite Divinity School）的榮休心理學及牧養輔導教授。他有多本重要著作，包括 *Crisis Counseling*（1994）、*Depression and Hope*（1998）、和編輯 *Strategies for Brief Pastoral Counseling*（2001）；與詹姆斯．杜克（James Duke）合著有《基督徒的神學思考》（2007）；他也是 Creative Pastoral Care and Counseling 系列的編輯。

教會事工系列 伴你作多方面裝備，服事教會！

屬靈生命的素質——聖靈果子研讀本（組長本）
The Quality of A Spiritual Life: Fruit of the Spirit Bible Studies (Leader's Guide)
施家倫（Peter Scazzero）著／郭詠儀 譯／HK$98

屬靈生命的素質——聖靈果子研讀本（組員本）
The Quality of A Spiritual Life: Fruit of the Spirit Bible Studies (Study Guide)
施家倫（Peter Scazzero）著／郭詠儀 譯／HK$83

心靈關顧——修正基督徒的培育和輔導觀念
Care of Souls: Revisioning Christian Nurture and Counsel
貝內爾（David G. Benner）著／尹妙珍 譯／HK$83

101 間香港教會分析
葉松茂 著／HK$128

聖樂與崇拜——理論與實踐全方位透視
陳康 著／HK$98

宣講中的聖經——生命更新的信仰記號
The Sign Language of Faith: Opportunities for Preaching Today
戴歌德（Gerd Theissen）著／許子韻 譯／HK$83

不可或缺的教會——重獲流失的一代
Essential Church? Reclaiming a Generation of Dropouts
湯姆．雷納（Thom S. Rainer）、薩姆．雷納（Sam S. Rainer III）著／陳永財 譯／HK$88

信主之後（附研讀指引）
梁家麟 著／HK$83

讀者意見表

緊扣時代 服事教會

以文字傳揚基督真道

衷心多謝你購買本社書籍。本社一直致力以出版事工服事教會，幫助信徒扎根於神的話語，促進靈命增長。為使我們的出版更能滿足你的需要，請填寫下列各項資料，並寄回或傳真予本社。

所購書籍：________________

本書最吸引你的地方：
☐作者 ☐適切性 ☐文筆 ☐設計 ☐實用性
☐其他：________________

購買本書地點：
☐基道書樓 ☐基督教書店 ☐非基督教書店

性別：☐男 ☐女 職業：________________

信仰：☐基督徒 ☐非基督徒

年齡：☐ 16 歲或以下 ☐ 17～25 歲 ☐ 26～35 歲
☐ 36～55 歲 ☐ 56 歲或以上

學歷：☐中三或以下 ☐中五 ☐預科
☐大學 ☐研究院

☐我欲更多了解基道出版社的事工及考慮支持，請寄給我下列資料：
☐機構簡介 ☐新書資料 ☐基道會員通訊
☐《基道文字事工通訊》

姓名：________________電話：________________

地址：________________

____

傳真：________________ 電子郵件：________________

其他意見：________________

____

多謝賜教！

基道出版社

意見表可以傳真（2687-0281）或直接郵寄以下地址：
香港沙田火炭坳背灣街26號富騰工業中心1011室
基道出版社編輯部收